세계사 뭔데 이렇게 재밌어?

세계사 뭔데 이렇게 재밌어?

초판 1쇄 인쇄 2022년 06월 03일
초판 1쇄 발행 2022년 06월 10일

글 이와타 슈젠 옮김 박지운

펴낸이 이상순 주간 서인찬 영업지원 권은희 제작이사 이상광

펴낸곳 (주)도서출판 아름다운사람들
주소 (10881) 경기도 파주시 회동길 103
대표전화 (031) 8074-0082 팩스 (031) 955-1083
이메일 books777@naver.com 홈페이지 www.book114.kr

ISBN 978-89-6513-768-9 (43900)

2JIKAN DE OSARAI DEKIRU SEKAISHI
ⓒ SYUZEN IWATA 2012
Originally published in Japan in 2012 by DAIWA SHOBO CO.,LTD.
Korean translation rights arranged with DAIWA SHOBO CO.,LTD.
through TOHAN CORPORATION, TOKYO and EntersKorea Co.,Ltd., SEOUL.

이 도서의 국립중앙도서관 출판예정도서목록(CIP)은
서지정보유통지원시스템(http://seoji.nl.go.kr)과 국가자료종합목록구축시스템(http://kolis-net.nl.go.kr)
에서이용하실 수 있습니다. (CIP제어번호 : CIP2020015868)

파본은 구입하신 서점에서 교환해 드립니다.

리듬문고 청소년 인문교양 07

세계사,

이와타 슈젠 글

박지운 옮김

뭔데

이렇게 재밌어?

세계사는 외우는 게 아니라 이해하는 것이다.

이해가 전제되어야 암기가 따라온다. 특히 역사 과목은 더 그렇다.

나는 중학교 때 사회 과목 수업에서 처음으로 세계 4대 고대 문명인 메소포타미아 · 이집트 · 인더스 · 황하 문명에 대해 배웠다. 그때 이들 문명이 모두 큰 강 유역에서 발생했다는 사실을 알게 되었다.

그런데 문득 '왜 고대 문명을 꽃피웠던 지역들이 19세기에 이르러 식민지, 혹은 식민지나 다름없는 상태가 돼 버렸을까?'라는 의문이 들었다.

물론 중학교 때는 '19세기'나 '식민지'와 같은 말이 생소했기 때문에 중학생 수준의 서툰 낱말로 용감하게 질문했다. 하지만 수업에서는 이 물음에 대한 답을 얻을 수 없었다. 수업은 '연호와 인물을 암기'하는 방식으로 진행했고 시험도 빈칸 채우기 문제가 대부분이었다. 수업을 따라가지 못한 탓에 내 성적은 언제나 반에서 꼴찌에 가까웠다.

중학교 시절 세계사 공부의 출발점은 최악의 성적이었지만, '왜?'라는 질문에서 출발했기에 나중에 누구보다도 공부를 잘 할 수 있었다. 이런 나의 경험을 바탕으로 이 책의 방향을 정했다.

세계사는 외우는 게 아니라 이해하는 것이다. 다시 말해 세계사가 어떻게 움직여 '현재'로 이어져 왔는지 알아야 한다.

19세기, 산업 사회가 출현한 이래 선진 산업국은 힘을 바탕으로 세계 4대 문명이 일어난 지역을 자국의 시장과 교통 요충지로 삼았다.

한편으로는 4대 문명권에 인간의 권리를 중시하는 근대의 다양한 제도가 전파되기도 했다. 이러한 역사의 흐름과 변화를 이해하고 나면 인물명과 연호 등은 머릿속에 저절로 들어온다. 자, 이제 본문으로 들어가 보자!

'현재' 시점에서 과거를 다시 들여다봄으로써 비로소 미래를 그릴 수 있다. 그것이 '세계사를 배우는 의미'가 아닐까 싶다.

이와타 슈젠

차례

제1장

고대 문명과
오리엔트 통일

고대 지중해 세계에 군림한 페니키아인은 레바논 산맥의 동쪽을 'AS의 땅(ASIA)'라고 불렀다. 이 메소포타미아 지방은 함무라비 법전이 탄생한 곳이자 인도 통일을 자극한 알렉산드로스 원정의 발자취가 남은 곳이다.

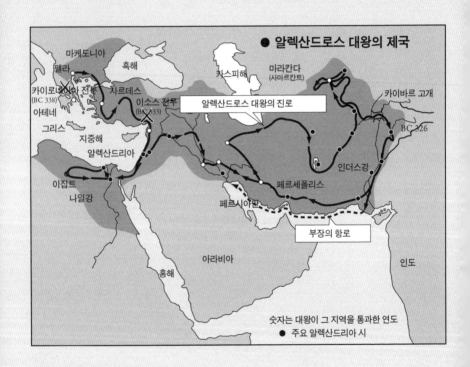

● 알렉산드로스 대왕의 제국

마케도니아
펠라
흑해
카스피해
마라칸다
(사마르칸트)
카이바르 고개
카이로네이아 전투
(BC 338)
자르데스
이소스 전투
(BC 333)
알렉산드로스 대왕의 진로
BC 326
아테네
그리스
지중해
알렉산드리아
이집트
나일강
페르세폴리스
인더스강
페르시아만
부장의 항로
홍해
아라비아
인도

숫자는 대왕이 그 지역을 통과한 연도
● 주요 알렉산드리아 시

1. 세계사는 신의 개입으로 시작되었다

인간은 아프리카에서 태어나 신을 만들었다! - '2001년'의 두 모습

인류는 역사를 써 내려오며 새로운 시대를 창조해왔다. 그리고 이를 파괴해온 것도 인류였다.

2001년 아프리카 중부 차드에서 '가장 오래된 인류의 화석'이 발견되었다. 투마이 원인(猿人)이다.

투마이 원인은 700만 년 전, 당시에는 호수를 둘러싼 숲이었던 차드 북부의 사막 지역에서 출현했다고 전해진다. 직립 이족 보행을 하는 우리의 선조는 이곳에서 진화의 첫발을 내디딘 것이다.

한편 2001년은 이슬람 세력의 일부인 빈 라덴이 악몽 같은 뉴욕 '9·11 테러'를 일으킨 해이기도 하다. 테러는 절대로 용서받을 수 없는 끔찍한 행위다. 우연히도 '인류 기원의 발견과 문명을 파괴하는 폭력'이 같은 해에 일어났다.

쌓아 올렸다가 무너뜨리고, 만들었다가 부수고…… 인간이란 도무지 이해할 수 없는 동물이다. 사람들이 모이면 국가와 사회가 생긴다. 그런데 이를 다스리기가 쉽지 않기 때문에 오래전부터 사람들은 같이 뭉치려고 종종 신의 힘을 빌렸다.

신의 위력을 기록한 유명한 책으로는 《구약성서》가 있다. 기원전 1세기경에 쓰인 이 책의 기록에 따르면 인간을 창조한 것은 신 '야훼'라 한다.

신은 화를 잘 낸다! - 노아의 방주와 바벨탑

《구약성서》에는 자신이 창조한 인간이 타락해가자 몹시 화를 내는 신의 모습이 그려져 있다. 여기서 신은 자기 뜻에 반하는 자를 가차 없이 응징하는데, 심지어 거대한 홍수를 일으켜 인간을 말살하기도 한다. 《구약성서》에 나오는 노아의 방주 이야기다.

신이 노아에게 방주를 만들게 하여 그의 가족과 모든 생물의 암수를 방주에 태운 다음, 대홍수로 세상을 멸망시킨다는 내용이다.

신의 노여움은 여기서 그치지 않았다. 메소포타미아에서 가장 번영한 도시는 유프라테스강 중류의 바빌론이었다. 바빌론은 오리엔트('해가 뜨는 곳'이란 의미) 세계 동서 교역의 중심지이자, 함무라비 왕(BC 18세기)으로 유명한 바빌론 제1왕조(BC 1894?~BC 1595?)와 신바빌로니아 왕국(BC 625~BC 538)의 왕도(王都)였다. 기원전 330년대에 페르시아 제국을 정복한 알렉산드로스 대왕도 이곳에서 죽었다.

바빌론이란 히브리어로 '신의 문'을 뜻한다. '바빌론의 영광'을 구현한 기원전 6세기, 바빌론 시내의 동쪽에는 계단식으로 흙을 쌓아 올린 '공중 정원'이, 서쪽에는 높이 25m를 자랑하는 지구라트〈성탑(城塔)〉가 있었다.

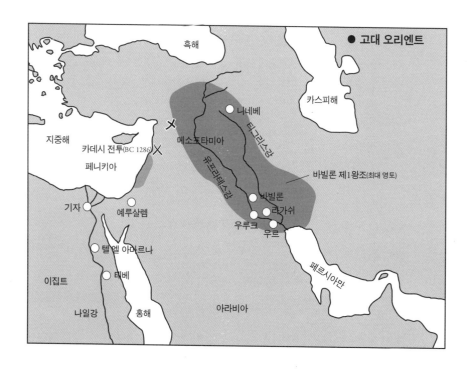

● 고대 오리엔트

흑해
카스피해
니네베
지중해
메소포타미아
카데시 전투(BC 1286)
페니키아
바빌론 제1왕조(최대 영토)
기자
예루살렘
바빌론
라가쉬
우루크
우르
텔 엘 아마르나
페르시아만
이집트
티베
나일강
홍해
아라비아
티그리스강
유프라테스강

신성한 고층 건축물 지구라트는 성서 속 '바벨탑'의 실제 모델이라고 한다. 고층 탑을 쌓아 올리는 것이 신에게 가까워지고자 하는 인간의 오만이라 여긴 신은 크게 노여워하며 건설 중인 탑을 파괴한다.

이때 수많은 사람이 죽거나 다쳤고 언어가 여러 갈래로 나뉘는 사태마저 일어났다. 그전까지 사람들은 하나의 언어를 사용했다고 한다.

⊙ 최대의 살육! '노아의 방주', 그 배경은?

대홍수는 메소포타미아 문명의 기반이었던 농경 체제와 관련이 깊다. 하천의 범람(홍수)으로 경작지의 흙이 뒤섞이면서 토양은 더욱 비옥해졌다. 메소포타미아 지역 대홍수는 농경에 꼭 필요한 것이었다. 대홍수 이야기는 기원전 2000년경에 쓰인 《길가메시 서사시》의 소재가 된다. 성서에 나오는 '노아의 방주' 홍수 설화는 이 작품에서 영감을 받은 것 같다.

신이시여, 구해주소서! - 바빌론 유수(幽囚)와 유대교의 성립

신은 인간을 창조해놓고 아무것도 해 주지 않는다. 인간을 살육하기만 할 뿐 '구원'해 주지 않았다.

그렇다면 신은 왜 '구원'해 주지 않는 것일까? 기원전 586년 바빌론 유수를 계기로 마침내 그 이유가 밝혀진다.

유대인의 유다 왕국(BC 922?~BC 586, 왕도 예루살렘)이 신바빌로니아 왕국에 의해 멸망하자 주민들은 바빌론으로 끌려갔다. 하지만 신은 구해주지 않았다.

유대인들은 신이 '구원'해 주지 않는 이유를 생각했다. 그 결과, 자신들이 신의 뜻을 제대로 헤아리지 못하고 거족적으로 신을 숭배하지 않았다는 결론에 다다른다. 민족 종교로서의 유대교가 성립한 것은 바로 이때였다. 유대인은 '구원해주지 않는' 신에 대한 신앙심을 더욱 굳건히 했다.

⊙ 유대인은 성서에 나오는 메소포타미아 문명을 언제 접했을까?

유대인이 성서에 나오는 메소포타미아 문명을 처음 접한 것은 바빌론 유수(BC 586~BC 538) 때였다. 바빌론으로 끌려간 유대인은 번영한 도시에서 접한 문물에 두 눈이 휘둥그레졌다.《길가메시 서사시》의 홍수 전설, '바벨탑'에 영향을 미친 고층의 지구라트(성탑)는 유대인에게 커다란 충격을 안겨줬다.

2. 투탕카멘에서 알렉산드로스로

'이집트는 나일강의 선물' - 황금 마스크의 주인공 투탕카멘

하천의 범람은 농경 사회에 번영을 가져다주었다. 이집트도 나일강의 범람으로 문명을 꽃피웠다. 이를 두고 그리스 역사학자 헤로도토스는 '이집트는 나일강의 선물'이라고 표현했다. 기원전 3000년경에 성립된 이집트 왕조는 피라미드 시대(BC 26세기경)에 강력한 왕권을 과시했다. 세계 최대의 피라미드인 쿠푸 왕 피라미드는 높이가 무려 146m에 달한다.

기원전 14세기에는 아멘호테프 4세가 이집트에 일신교를 도입했다. 그는 왕권 강화를 꾀하기 위해 아톤이라는 새로운 신을 만들었다.

그다음 파라오인 투탕카멘도 아버지의 정책을 이어받고자 했으

나 실패로 끝나고 만다. 나는 갓 초등학생이 되었을 무렵 도쿄국립 박물관에서 투탕카멘의 황금 마스크를 보았다. 조명이 집중되어 빛을 발하는 황금 마스크는 마치 이 세상의 것이 아닌 듯 신비로웠다.

이집트는 지중해 동부의 레바논까지 지배했다. 고대에 이 지역의 삼나무(레바논시다)로 배를 만들고 해상 무역을 발달시켜 힘을 키운 세력이 있었으니 바로 페니키아인이다. 참고로 오늘날의 알파벳은 페니키아 문자에 그리스인이 모음을 더하여 만든 글자에서 비롯되었다.

기원전 9세기 말, 페니키아인은 카르타고 식민도시(지금의 튀니지)를 건설하고 지중해 세계에서 더 나아가 영국의 주석, 발트해 연안의 호박 등을 실어나르며 '해상 상업 민족'으로서 이름을 떨쳤다.

한편 이집트에서는 기원전 2500년경부터 기록의 수단으로 파피루스(Papyrus)를 사용했다. 나일강에 우거진 파피루스 풀로 만든 파피루스는 종이를 뜻하는 영어 단어 페이퍼(paper)의 어원이다. 이집트의 문자는 상형문자(신성문자)였다. 1822년 이 상형문자가 해독되면서 고대 이집트의 역사가 윤곽을 드러내었다.

⊙ 상형문자를 해독한 샹폴리옹은 어떤 인물일까?

12살 때 로제타석(고대 이집트 시대에 왕의 업적을 기리기 위해 제작한 비석으로 상형문자가 새겨져 있다)에 흥미를 갖게 된 샹폴리옹은 어린 시절부터 언어 연구에 두각을 드러냈다. 19세에 그르노블대학 조교수로 취임했고, 21세에 《파라오 치하의 이집트학 서론》을 저술했다. 그리고 31세가 되었을 때 마침내 로제타석 해독에 성공한다. 그는 41세란 이른 나이에 세상을 떠난다.

전차를 타고 철기를 들고 돌격하라!
- 바빌론 제2왕조를 무너뜨린 히타이트왕국

기원전 1700년경 소아시아에서 이집트처럼 세력을 확장하던 나라가 있었다. 오리엔트 세계에 철기를 전한 히타이트왕국이다. 메소포타미아 문명의 번영을 이룬 바빌론 제1왕조도 히타이트왕국의 전차와 철기 앞에 맥없이 무너졌다.

히타이트왕국은 페니키아인의 지배를 두고 벌어진 카데시 전투에서 이집트에 패배한다. 기원전 1269년경 양국은 카데시에서 역사상 최초의 국제조약을 맺고 화해했다.

그러던 기원전 13세기 말, 동지중해 일대를 헤집고 다니던 민족연합(총칭 '바다의 민족')이 쳐들어왔다. 이로 인해 이집트는 쇠퇴했고, 히타이트왕국도 기원전 1190년경에 멸망을 맞았다.

⊙ 누구나 쉽게 따라 할 수 있는 철기 만들기 교실

먼저 철광석을 준비한다. 철광석을 용해하면 철이 된다. 그런데 철이 식으면 구멍이 송송 뚫려 스펀지처럼 돼 버리기 때문에 도구로 사용할 수 없다. 이때 매우 요긴한 히타이트인들만의 비법이 있다. 타오르는 목탄 속에 철을 집어넣고 빨갛게 달궈졌을 때 망치로 두드리는 작업을 계속해서 되풀이하는 것이다. 그러다 보면 튼튼한 강철이 완성된다. 이 강철로 무기를 만들면 그야말로, 무적이다!

세계 최초의 도서관은 무자비한 군사 국가가 세웠다
- 아시리아왕국의 오리엔트 통일

이집트가 쇠퇴하고 히타이트왕국이 멸망하자 메소포타미아 지방에 아시리아인의 왕국이 대두했다. 말을 이용하여 교역으로 부를 쌓은 아시리아는 기원전 8세기 왕도(王都) 니네베를 거점으로 오리엔트 정복에 착수한다. 그 배경에는 용맹한 정신과 강력한 군사 체제가 있었다.

기원전 7세기, 이집트 제압 후 황금시대를 연 아슈르바니팔 왕은 니네베에 세계 최초의 도서관을 세웠다. '군사 체제와 도서관'이라니 어쩐지 어울리지 않는 조합이다.

아슈르바니팔 왕은 이민족을 통치하거나 적을 치기 위한 전략을 짜려면 상대에 대해 잘 알아야 한다고 생각했다. 이 때문에 '상대를 알기 위한 문헌'을 수집하여 연구했다. 문헌 자료가 늘어나자 보관할 시설이 필요해졌다. 이러한 사정으로 도서관이 설립된 것이다. 오늘날의 도서관과는 그 성격이 상당히 다르다.

그러나 무자비한 군사 지배 체제와 과중한 세금 징수로 각지에서 반란이 일어나 오리엔트 통일이라는 대사업은 100년도 채 되지 않아 막을 내렸다.

아테네의 민주정과 규중처녀 - 폴리스 사회의 발전

동지중해 세계에서는 히타이트왕국, 이집트왕국과 더불어 그리스를 중심으로 한 에게 문명(BC 3000?~BC 1200?)이 꽃피었다. 기원전 8세기, 이 지역은 폴리스(도시 국가) 시대를 맞이했다.

그 대표 격 도시 국가인 아테네는 페르시아 전쟁(BC 500~BC 499)에서 아케메네스 왕조를 쳐부순 뒤, 아크로폴리스 언덕에 파르테논 신전을 세웠다. 신전 안에는 12m 높이의 황금과 상아로 된 풍요의 여신 '아테나' 조각상이 안치되었다.

아테네에서는 민주주의도 발달해 성인 남성으로 편성된 민회가

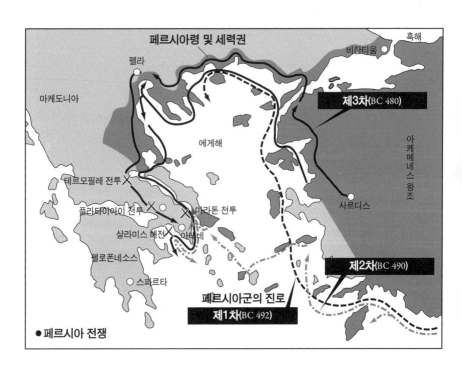

● 페르시아 전쟁

아테네의 최고 기관으로 자리 잡았다.

반면 여성은 가정에서 어머니로부터 읽고 쓰기, 가사, 재봉, 예의범절을 배웠다. 사회에 의문을 품지 않도록 규중처녀로 길러져 15세가 되었을 때 아버지가 정한 상대와 결혼했다. 아테네 시민의 평균 수명은 남성이 45세, 여성이 35세였다고 한다.

◉ 마라톤에서 아테네까지 달리다.

기원전 490년 페르시아 전쟁의 승패를 좌우한 육상 전투가 일어난다. 바로 마라톤 전투다. 페르시아군이 절대적으로 우세했던 상황 속에서 아테네는 기적적인 승리를 거뒀다. 한시라도 빨리 이 소식을 시민에게 전하기 위해 아테네군의 전령 페이디피데스가 마라톤에서 출발했다. 아테네까지의 거리는 36.75km. 전령은 브릴리소스라는 가파른 산을 지나야 했다. 후반까지 이어진 고지대는 아테네 교외에 다다라서야 평야로 바뀌었다. 그는 승전보를 전한 뒤 그 자리에서 죽었다고 한다.

오리엔트 세계로 진출하자! - 알렉산드로스 대왕과 헬레니즘

이제 페르시아 전쟁 이후의 이야기를 해 보자. 아테네가 모든 폴리스에 대해 대국주의적 태도를 보이자 이를 경계한 스파르타와 펠로폰네소스 전쟁(BC 431~ BC 404)이 일어났다. 이후 그리스 세계는 내전의 시대로 접어든다. 펠로폰네소스 전쟁은 패권을 목표로 한 폴리스 간의 싸움이었다.

희극 작가 아리스토파네스는 〈여자의 평화〉를 써서 펠로폰네소스 전쟁을 비판했다. 이 작품은 끊임없이 전쟁하는 남자들의 욕망을 거부하고자 여자들이 '성적 파업'에 들어간다는 내용이다. 전쟁에 대한 통렬한 메시지와 희극이란 표현 양식을 도입한 시도가 돋보인다.

100년간 이어진 그리스 내전이 끝나자, 마케도니아의 알렉산드로스 대왕이 그리스를 장악했다. 그는 그리스 부흥을 내걸고 동방에 폴리스를 건설하기 위해 오리엔트 세계 정복에 나섰다. 이 원정으로 오리엔트 세계와 그리스 세계가 통합되었다.

이때 두 세계가 융합하여 생긴 문화를 헬레니즘 문화라고 부른다.

또 알렉산드로스 대왕은 정복지에 그리스인 식민도시 70여 곳을 세운 뒤 '알렉산드리아'라고 명명했다. 그중에서 문화적으로 가장 번영한 도시는 이집트의 알렉산드리아였다.

헬레니즘 문화는 세계 각지에 영향을 미쳤다. 인도에서는 그리스의 조각기법을 모방한 불상 문화가 탄생했다.

3. 아리아라는 이름의 문화 제국

세계로 뻗어 나가는 이란 문명

- 페르시아 문화의 은혜를 입은 벤처스, 클랩톤, 딥퍼플

아시리아왕국 멸망 후 분열된 오리엔트 세계를 다시 통일한 세력은 아케메네스 왕조 페르시아(BC 550~BC 330)였다. 페르시아는 이란(페르시아)인이 세운 나라다.

그 후 아르사케스 왕조 파르티아(BC 248~226), 사산 왕조 페르시아(226~651)가 이란인 왕조의 명맥을 잇는다.

페르시아 문화는 세계로 뻗어 나갔다. 특히 사산 왕조 미술은 실용성뿐만 아니라 장식성도 강하여 세계 각지에서 호평을 받았다.

인도의 시타르라는 현악기를 알고 있는가? 시타르의 원형은 페르시아의 악기 세타르이다. 세타르는 중국으로 건너가 삼현이 되

었고 이 악기는 서방에도 전해져 스페인에서 기타가 되었다. '20세기 최대의 악기'로 불리는 일렉트릭 기타는 이 계보에 속한다. 벤처스도, 클랩톤도, 딥퍼플도 페르시아 문화의 은혜를 받았다고 할 수 있다.

인도를 통일한 원동력은 불교였다! -인더스 문명에서 아리아인이 세운 나라로

기원전 1500년경 이란인의 동족인 아리아인이 카이바르 고개(지금의 파키스탄 북서부)를 넘어 인더스강 유역으로 침략해 들어왔다. 그 결과 인더스 문명(BC 2300?~BC 1800?)을 일으킨 원주민 드라비다인은 남부로 쫓겨나는 신세가 되었다.

아리아인은 인도의 건국 세력이 되어 통일 왕조를 세운다. 이 왕조가 바로 아소카왕의 불법(佛法) 정치로 유명한 마우리아 왕조(BC 317?~BC 180?)다.

하지만 우리에게는 불교 미술을 꽃피운 쿠샨 왕조(45?~240?)나 굽타 왕조(320?~550?)가 더 친숙하다.

불상 문화가 탄생한 배경에는 불교의 창시자 가우타마 싯다르타(부처)의 발자취를 돌에 새겨 신앙의 대상으로 삼는, 이른바 불족석(佛足石) 숭배 사상이 깔려 있다. 그 위에 헬레니즘 문화의 영향이 더해져 불상이 생겨났다. 이 불상 문화를 간다라 미술이라 한다. 간다라란 쿠샨 왕조의 거점이 된 인더스강 중류 펀자브 지방 일대를 가리키는 말이다.

⊙ 인더스 문명은 왜 멸망했을까?

인더스 문명은 베일에 싸여 있다. 문자 해독이 미진하여 멸망 원인에 대해서도 여러 가지 설이 분분하다. 근래에 들어서는 엔트로피의 과다한 증가(자연계의 파괴) 때문에 멸망한 것이라는 학설이 주목받고 있다. 인간과 자연의 공존, 즉 생태계 문제와 관련이 있다는 주장이다. 인더스 문명의 도시는 구운 벽돌로 건설되었는데, 이 때문에 에너지원을 얻기 위해 삼림을 마구 벌채한 것을 멸망의 원인으로 지적한다.

호류사의 아름다움은 인도풍? - 불교 미술을 완성한 굽타 왕조

굽타 왕조 때는 독자적인 불교 미술 양식이 완성되었다. 이를 굽타 미술(굽타 양식)이라고 한다. 아잔타 석굴 사원도 이 시대에 지어졌다.

바위에 구멍을 파서 만든 이 석굴 사원의 실내에는 수많은 벽화가 그려져 있다. 그 가운데 하나인 보살상을 보면 헬레니즘 문화의 흔적은 온데간데없고 인도풍의 너그럽고 고요한 얼굴을 하고 있다.

이 벽화들은 훗날 실크로드를 통해 멀리 있는 일본 나라현의 호류사 금당 벽화에도 영향을 미쳤다. 굽타 양식이 아시아 불교 미술의 표준으로 자리매김한 것이다. 안타깝게도 호류사 금당 벽화는 1949년에 화재로 소실되었다.

굽타 왕조 시대에는 불교를 대신하여 힌두교가 대중의 지지를 얻는다. 굽타 왕조의 뒤를 이은 바르다나 왕조(606?~7세기 전반)는 당

나라 불교 승려인 현장을 환대하는 등 불교에도 관대했으나 단명
으로 끝난다. 이후 인도는 지역 국가로 분산되어 길고 긴 분열의 시
대로 접어든다.

제2장

진·한 제국과
로마 제국의 번영

로마 제국이 전성기를 누리던 기원전 2세기, 동아시아에서는 한(漢) 제국이 번영했다.
　로마 선단(船團)은 바닷길을 오가며 인도·중국과 교역을 전개했다. 교역로 주변 지역은 활기를 띠었고, 동남아시아에서는 새로운 나라들이 일어났다.

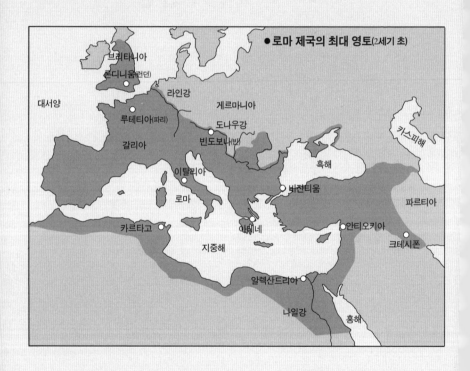

● 로마 제국의 최대 영토(2세기 초)

브리타니아
론디니움(런던)
라인강
게르마니아
대서양
루테티아(파리)
도나우강
카스피해
갈리아
빈도보나(빈)
이탈리아
흑해
로마
비잔티움
파르티아
카르타고
아테네
안티오키아
지중해
크테시폰
알렉산드리아
나일강
홍해

1. 왜 중국을 '지나', 혹은 '차이나'라고 부를까?

용의 뼈가 나왔다?! - 중국 최초의 왕조 발견

1899년 베이징, '용의 뼈'가 만병통치약으로 팔리고 있었다. 물론 그런 상상 속 동물의 뼈가 존재할 리 없었다.

사실 그 뼈는 소의 대퇴골과 같은 짐승 뼈였다. 그런데 용의 뼈가 나왔다는 지역(허난성 안양시)에서 다량의 거북이 등딱지가 함께 출토되었다. 거기에는 문자가 새겨져 있었고, 이 문자는 '갑골문자'라 불렸다.

이 우연한 발견은 중국의 역사를 다시 썼다. 출토된 장소가 중국 최초의 왕조 은(BC 1600?~BC 11세기)의 수도인 은허라는 사실이 밝혀진 것이다.

은 왕조는 갑골문자로 길흉을 점치는 신권(神權) 정치를 행했다.

하늘의 뜻을 묻기 위해 점치는 의식을 주관하는 일이 왕의 역할이었다.

은허는 '대읍상'이라고도 했다. 대읍상의 '상'은 상업을 의미했고, 이때 상업이란 소금 전매를 가리켰다. 또 은허 사람들은 '상인'이라 불렸다. 기원전 11세기, 주 왕조가 은 왕조를 무너뜨리고 나라를 세웠다. 하지만 이민족 침략을 계기로 제후들의 세력이 커지면서 주 왕조는 쇠퇴해갔다. 이 시기를 춘추(BC 770~BC 403) · 전국(~BC 221) 시대라고 한다.

주 왕조의 쇠약에 따라 중국은 제자백가 시대로 들어선다. 제자의 '자'는 사상가라는 의미로 제자는 곧 다양한 사상가를 뜻한다. 백가는 여러 학파를 일컫는다.

가장 널리 알려진 사상가는 경륜을 설파한 유가의 공자이다. 그리고 유가의 도덕론을 비판하며, 사회 질서를 유지하기 위해서는 엄격한 형벌이 필요하다고 주장한 것이 법가의 한비자였다.

한비자는 말더듬이였던 탓에 연설이 서툴러 집필에 전념했는데, 진나라의 정왕이 그가 쓴 책에 관심을 가졌다. 이 정왕이 바로 훗날의 시황제다.

그리하여 한비자는 진나라로 불려갔으나, 먼저 등용되어 왕을 모시던 이사의 책략에 빠져 독살당하고 만다. 한순간의 방심으로 모든 노력이 수포로 돌아가고 말았다.

⊙ 묵자는 왜 묵(墨)자일까?

법가의 한비자와 마찬가지로 유가를 비판한 사상가가 묵가의 묵자였다. 묵자는 죄인 혹은 노예 출신으로 알려져 있다. 얼굴에 묵형(墨刑)의 흔적이 있었기 때문이다. '묵자(墨子)'라고 불리게 된 이유도 이 때문인 듯하다. 그는 만인에 대한 무차별적 사랑, 즉 겸애(=박애)를 주장했다. 더불어 비공(非攻)을 부르짖으며 침략의 위험에 노출된 소국을 옹호했다. 비공이란 침략 전쟁을 부정하는 것으로 자신을 지키기 위한 전쟁은 긍정했다.

'차이나'의 어원은 '진(秦)' - 시황제의 가혹한 통일 정책

기원전 221년 시황제는 중국 전역을 통일했다. 이로써 진 제국(BC 221~BC 206)이 수립된다. 자신감 넘쳤던 시황제는 군현제라는 중앙집권제를 도입했다.

이와 동시에 반량전(통화), 전서(서체)는 물론 도량형(길이·용적·무게)의 통일을 꾀했다. 수레바퀴의 폭도 통일했다. 수레바퀴의 폭이란 차축으로 연결된 차량과 차량 사이의 폭을 가리킨다. 또 시황제라고 하면 분서갱유(焚書坑儒)를 빼놓을 수 없다.

시황제는 법가 이외의 사상을 철저히 탄압했다. 농업·의약·점술에 관한 책을 제외하고는 모조리 소각하는 등 심각한 언론·사상 통제를 강행했다. 서적뿐만이 아니었다. 460여 명의 유학자가 산 채로 땅에 파묻혔다. 시황제에 대한 비판은 절대로 용납되지 않았다. 이후 2000년간(~1912) 이어진 중국 황제의 독재는 이때 그 원형이 완성된 것이다.

　오늘날 중국은 지나(CHINE) 혹은 차이나(CHINA)라고 불린다. 이는 중국 최초의 통일 왕조인 진(ch'in)에서 비롯되었다. 사실 '중국'이란 호칭은 특정한 사상적 배경(이데올로기)을 지닌 주관적 표현이다. 여기에는 다른 나라를 깔보는 의미마저 담겨있다. 국제 표준인 '지나' 쪽이 더 중립적인 호칭이라고 할 수 있다.

실크로드는 무제의 손바닥 위에 - 한 제국의 성립과 발전

　기원전 210년 시황제가 죽자, 그 이듬해에 진승이란 자가 '왕후장상(王侯將相)의 씨가 어찌 따로 있겠느냐(왕후·장군·재상의 지위는 가계나 혈통이 아니라 실력이나 운 등에 따라 결정된다).'라고 외치며 농민 반란을 일으켰다. 이를 '진승·오광의 난'이라고 한다. 이 반란으로 진나라는 멸망하고 새로이 한(漢) 제국이 탄생했다.

　한 제국을 세운 것은 유방(고조)이었다. 수도는 황허강 유역의 장안(지금의 시안)으로 한구관이라 불리는 험준한 자연 지형이 이 지역을 지켜주었다. 한 제국은 한때 황제의 외척(황후 측의 가족)에게 나라를 빼앗겨 명맥이 끊겼다. 이 때문에 전반기를 전한(BC 202~8), 후반기를 후한(25~220)이라고 한다. 후한의 수도는 뤄양이었다.

　전성기는 전한 무제(즉위 BC 141~BC 87) 때였다. 무제는 몽골고원을 거점으로 황허강 이북에 자리 잡고 있던 유목민 흉노를 물리친 뒤 한반도 일부와(낙랑군) 베트남(일남군)도 제압했다. 그리고 중앙아

시아(카스피해 바로 앞)까지 뻗은 실크로드도 한 제국의 세력권 아래
두었다.

한편 무제는 흉노 대책을 세울 때 중앙아시아에서 활약하던 대
월지국에 연합체제 결성을 제안했다. 이 제안은 결국 받아들여지
지 않았지만, 교섭을 위해 파견한 '장건'이란 인물의 행로는 실크로
드 개척의 실마리가 되었다.

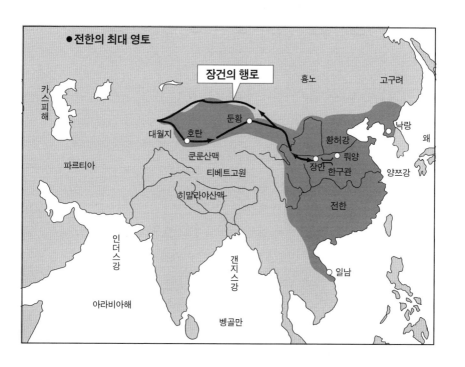

우리는 어떻게 이와 같은 고대 중국의 사정을 알 수 있는 것일까? 무제 시대의 역사가 사마천이 편찬한 ≪사기(史記)≫ 덕분이다. 이 역사서의 특징은 기전체(紀傳體)라는 편집 방식에 있다. 황제별로 관련된 인물과 사건이 정리되어 있어 황제의 이름을 찾으면 그 시대에 대해 알 수 있다. 오늘날의 인터넷 검색처럼 말이다.

호랑이 굴에 들어가야 호랑이 새끼를 잡는다! - 후한의 서역 지배

1세기 말, 카스피해 동쪽의 실크로드 세계 '서역'을 총괄하는 서역도호 자리에 반초가 임명되었다.

낯선 지역으로 파견되어 겁을 먹은 부하들도 있었을 것이다. 반초는 부하들에게 '호랑이 굴에 들어가야 호랑이 새끼를 잡는다.'라며 용기를 북돋웠다고 한다. 위험을 무릅쓰지 않고서는 중대한 임무를 완수할 수 없고 원하는 것을 얻을 수 없다는 뜻이었다.

어느 날 반초의 부하 감영에게 그를 대진국으로 파견한다는 칙명이 내려왔다. 대진국이란 로마 제국을 말한다. 97년, 시리아에 도달한 감영은 그곳에서 발길을 돌릴 수밖에 없었다. 당시 카스피해 서쪽 지역을 지배하던 파르티아 왕국이 실크로드를 제압하고 있어서 로마는 한나라와 비단 무역을 할 수 없는 상황이었다. 감영이 로마에 가지 못한 것도 이런 상황과 관련 있었다. 요컨대 파르티아 왕국의 방해로 로마로 가는 길이 막혀버린 것이다.

이러한 사정은 동방과 서방의 관계에 변화를 가져왔다. 로마는 계절풍을 이용하여 홍해를 거쳐 인도와 해상교역을 시작했다. 더불어 동남아시아 부남(지금의 캄보디아)을 중간 거점으로 인도와 남중국해를 잇는 '바닷길'이 발달했다. 메콩강 하구의 옥애오 유적에서는 로마 금화와 한나라 청동거울 등이 출토되어 활발했던 항구 도시의 모습을 짐작하게 한다.

2세기 후반이 되자 바닷길을 통해 '대진국왕(大秦國王) 안돈(安敦)'의 사절이 한나라 지배하에 있던 일남군을 찾아왔다. 안돈은 당시의 로마 황제 마르쿠스 아우렐리우스 안토니누스(재위 161~180)를 가리킨다. 이 사절이 일남군에 도착한 것은 실수로 항로를 벗어났기 때문이라는 설도 있다.

그 무렵 한나라 정권 내부에서는 관료와 환관(거세된 남성 비서)이 권력 투쟁에 열을 올리고 있었다. 이 때문에 사회는 피폐해졌고 백성들은 빈곤에 허덕였다.

그런 가운데 병든 농민을 치료하며 인망을 얻은 자가 있었으니, 바로 장각이다. 184년 장각의 주도로 '황건의 난'이 일어나 한(漢)제국은 멸망에 이른다. 그 후 중국은 삼국 시대라는 분열의 시기로 들어서게 된다.

2. 로마 제국을 위기로 몰아넣은 한니발과 스파르타쿠스

늑대의 젖과 에티오피아의 영웅 아베베!

- 도시 로마에서 이탈리아반도를 통일한 로마로

기원전 1세기, 시인 베르길리우스는 〈아이네이스〉라는 로마 건국 서사시를 썼다. 그 대략의 줄거리는 이러하다. 아이네이스(아이네이아스)는 트로이의 왕족 출신이다. 그는 트로이 전쟁 후 지중해를 헤매다가 이탈리아반도에 상륙했다. 아이네이스의 후손인 로물루스 형제는 테베레강에 버려지지만, 늑대에게 구출된다. 그리고 늑대의 젖을 먹고 자라나 기원전 753년 도시 로마를 세운다.

로마(ROMA)라는 명칭은 이 로물루스의 '로무(ROMU)'에서 온 것이다. 역사적으로 보면 로마는 기원전 509년경 라틴인이 세운 도시국가에서 출발했다.

로마 시민 사회에는 귀족(파트리키)과 평민(플레브스)이라는 신분이 있었다. 왕은 따로 두지 않았다. 원로원이라는 시민의 대표기관이 시정 운영의 중심인 공화정 체제였다. 원로원 의원은 모두 귀족이었으며 그 수는 300명(훗날 900명으로 증가)에 달했다. 단, 수당은 나오지 않았다. 무급 종신 의원인 셈이다.

기원전 272년, 로마는 이탈리아반도를 통일했다. 평민으로 편성된 중장보병 시민군이 통일을 이끈 원동력이었다. 중장보병은 창을 무기로 들고 몸을 보호하기 위해 방패와 갑옷, 투구로 무장한 시민군이었다. 그들은 로마의 주력군으로 활약했다.

그런데도 모든 장비를 시민들이 스스로 마련해야 했다. 나라에서는 지급해 주지 않았다. 게다가 병사들은 전부 농민으로 평상시에는 생업에 종사했다.

통일이 진행되면서 도로 등의 인프라도 정비되어갔다. 기원전 312년에 건설된 최초의 군사 도로 아피아 가도도 연장되었다. 아피아 가도는 로마시에서 브린디시까지 남쪽으로 길게 뻗은 전체 길이 570km의 장대한 포장도로다.

이 아피아 가도가 현대에 와서 다시 주목받게 된 일이 있었다. 1960년 제17회 로마 올림픽 대회의 최후를 장식한 마라톤 경기에서였다. 에티오피아의 무명 선수가 맨발로 이 아피아 가도를 질주하여 우승한 것이다. 그의 이름은 아베베 비킬라. 그는 에티오피아 최초의 금메달리스트가 되었다.

1936년 에티오피아가 이탈리아에 점령되면서 에티오피아 황제

하일레 셀라시에는 영국 망명길에 올라야 했다. 이러한 역사적 배경이 있는 만큼 황제의 친위대 출신인 아베베가 적국이었던 이탈리아의 수도에서 거둔 승리는 더욱 특별한 의미를 지니는 것이었다.

아베베는 제18회 도쿄올림픽에도 출전하여 이전까지 그 누구도 달성하지 못한 마라톤 2연패를 기록했다. 전 세계 사람들은 경탄하며 이 영웅을 높이 칭송했다.

밀을 잔뜩 들여오다! - 포에니 전쟁과 한니발

이탈리아반도를 통일한 로마는 난관에 부딪혔다. 이탈리아 전체의 위장을 채울 만큼 충분한 밀을 확보할 수 없었다.

이탈리아의 토양은 포도나 올리브 등의 재배에는 적합했지만, 가장 중요한 빵의 원료인 밀을 생산하기에는 알맞지 않았다. 식량 확보라는 시급한 문제를 해결하기 위해 로마가 눈여겨본 곳은 시칠리아섬이었다.

시칠리아섬이 밀 생산지로서 주목받자 이곳을 차지하려는 북아프리카의 카르타고와 로마 사이에서 전쟁이 시작되었다. 이 전쟁이 바로 포에니 전쟁(BC 264~BC 146)이다.

전쟁 중반에는 카르타고군이 우세했다. 명장 한니발이 병사 4만여 명과 코끼리 37두를 이끌고 이베리아반도에서 눈 덮인 알프스산맥을 넘어 이탈리아반도로 침입했기 때문이다.

기원전 216년 칸나이 전투에서 승리한 한니발은 10년간 이탈리아 동부를 점령하여 로마를 뒤흔들었다. 그러나 기원전 202년 로마군이 카르타고 본국으로 진격해 북아프리카의 주요 도시 자마를 함락시켰고 결국 카르타고에 역전승을 거둔다.

기원전 146년, 마침내 로마는 카르타고를 섬멸하고 서지중해를 장악했다. 그리고 기원전 30년 클레오파트라 여왕의 프톨레마이오스 왕조 이집트왕국이 멸망하면서 지중해는 '로마의 바다'가 되었다.

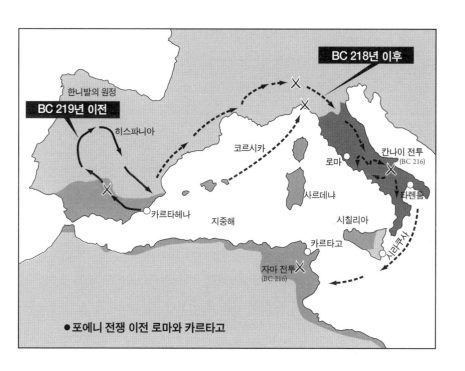

●포에니 전쟁 이전 로마와 카르타고

⊙ 클레오파트라 여왕은 정말 미인이었을까?

클레오파트라의 코가 조금만 더 낮았더라면 역사가 바뀌었을 것이다. 이런 '전설'이 있다. 그리스의 철학자 플루타르코스는 《영웅전》〈원래 제목은 대비열전(對比列傳)〉에서 클레오파트라의 아름다움에 대해 언급했다. 그런데 외모를 칭송하는 것이 아니라 '그녀의 목소리는 감미롭고 그 혀는 마치 줄이 많은 현악기와 같다.'라며 클레오파트라가 '헤어날 수 없을 만큼 매력적인 음성'의 소유자라고 말했다.

프랑스의 프로방스는 속주라는 뜻?!! - 노예제의 발달

포에니 전쟁은 로마가 제국으로 나아가는 흐름을 만든 중대한 전쟁이었다. 이 전쟁을 시발점으로 로마는 해외 영토와 이민족을 정복하여 자국의 지배하에 편입시켜나갔다.

정복한 해외 영토를 프로빈키아(provincia), 즉 속주라고 한다. 포에니 전쟁으로 로마의 속주가 된 프랑스 남동부 지역은 이 호칭이 정착되어 지금도 '프로방스'('속주'의 프랑스어)라고 불린다.

지중해를 제압한 로마에서는 거대한 제국을 어떻게 유지하느냐가 중요한 과제로 떠올랐다. 로마 제국을 지탱한 것은 크게 두 가지로 나뉜다. 하나는 노예제, 또 하나는 속주였다.

당시 사람들은 노예를 '말하는 도구'라고 정의 내렸지만, 노예는 농장이나 목장에서 노동력으로 쓰일 뿐 아니라 그 밖에도 다양한 일을 했다. 귀족의 유흥을 위해 시를 읊거나 마술을 보여주는 노예도 있었다.

노예제가 발달한 계기는 포에니 전쟁이었다. 전쟁 때 대거 발생한 카르타고군의 포로가 노예 시장으로 끌려와 대부분 대토지 점유자의 손에 넘어갔다. 속국인 프랑스의 프로방스에서도 노예가 공급되었다.

이후 귀족이나 부호는 로마로부터 허가받은 정복지를 점유함과 동시에 몰락한 농민의 토지까지 포섭해 라티푼디움이라 불리는 노예제 대농장을 경영했다. 이를 통해 포도주의 원료가 되는 포도와 올리브유를 얻기 위한 올리브를 재배하여 막대한 부를 손에 넣었다.

⊙ 고대 로마인의 여행지

로마 제국에서는 속주가 확대됨에 따라 여행 붐이 일었다. 그 가운데 식민도시 독일 쾰른은 큰 인기를 끌었다. 로마인들 사이에서 쾰른의 지하수가 건강에 좋다고 소문이 난 것이다. 독일을 대표하는 향수 '오 드 콜로뉴'는 '쾰른의 물'을 프랑스어로 발음한 것이다.

로마는 이렇게 격차 사회가 되었다! - 변질한 로마 공화정 사회

기원전 2세기 말, 로마 제국의 주요 밀 생산지인 시칠리아섬에서 두 차례에 걸쳐 노예 반란(BC 135~BC 132, BC 104~BC 100)이 일어났다. 노예가 귀족 행세를 하고 귀족이 노예로 전락한다는 소식도 전해졌다.

로마의 위신을 세우기 위해서는 시칠리아섬의 이 위태로운 사태를 수습해야 했다. 그러나 로마는 포에니 전쟁 이후 시민군을 편성하기가 쉽지 않은 상황이었다.

도대체 어찌 된 일일까?

병사가 되어야 할 평민(농민)들이 몰락해버린 것이다. 이들은 원래 작으나마 경작지를 소유했고 밀을 재배하여 시장에 팔아 생계를 유지해왔다. 그런데 포에니 전쟁을 기점으로 해외 영토(속주)가 확대되면서 속주로부터 값싼 곡물이 로마 시장에 흘러들어왔다. 소비자는 이탈리아반도에서 재배한 밀보다 속주에서 들어온 값싼 곡물을 선호했고, 이러한 현상은 농민(로마 시민)의 몰락을 부채질했다.

'아, 알프스는 오늘도 눈이구나!'! - 처참한 최후를 맞은 스파르타쿠스

이 무렵 세 명의 유력 정치가 크라수스, 폼페이우스, 카이사르가 몰락한 평민들로 사병을 조직하여 원로원에 대항했다. 이것이 제1회 삼두정치(BC 60~BC 53)다.

삼두정치는 요원의 불길처럼 퍼진 스파르타쿠스의 반란(BC 73~BC 71)을 진압하는 과정에서 성립했다. 검투사 노예 스파르타쿠스가 이끈 반란에는 무려 10만 명 이상이 참여했다.

검투사 노예는 로마 시민의 향락을 위해 목숨을 잃어간 사람들이었다. 그들은 콜로세움(원형 투기장)에서 사투를 벌이며 관객에게 구경거리를 제공했다. 관객은 주최자에게 초대받아 무료로 경기를 관람했다. 로마 시내에 남아있는 거대한 콜로세움은 당시에 5만 명을 수용했다.

시합 날 노예들은 온갖 굴욕을 참으며 투기장까지 마차로 이송되었다. 그중에는 자리에서 벌떡 일어나 달리는 마차의 수레바퀴에 머리를 부딪쳐 자살하는 자들도 있었다. 어떤 이들은 화장실에서 볼일을 본 뒤 엉덩이를 닦는 스펀지 형태의 해면에 물과 오줌을 적셔 이것을 목구멍 속에 쑤셔 넣고 질식사했다. '구경거리가 되고 싶지 않다, 내 생사는 내가 결정하겠다.' 자살로써 '자기 해방'을 이룰 수밖에 없었던 이들의 이야기는 너무나 비극적이다.

스파르타쿠스의 반란은 이러한 상황 속에서 일어났다. 반란군은 알프스로 향했다. 높은 봉우리가 눈으로 덮이지 않았더라면 봉우리를 넘어 저마다의 고향으로 돌아갔을지도 모른다.

하지만 반란은 크라수스와 폼페이우스가 조직한 사병 군대에 진압되었다. 허벅지에 창을 맞고 낙마한 스파르타쿠스는 적의 집중공격을 받아 형태를 알아볼 수 없을 정도로 처참히 찢겨나갔다. 그리고 포로 6,000명이 아피아 가도를 따라 십자가형을 당했다. 스파르타쿠스의 반란을 진압하면서 세 명의 유력 정치가가 두각을 나타냈다. 특히 카이사르는 로마시에서 대중으로부터 선풍적인 인기를 끌었다.

3. 로마 제국과 크리스트교

7월 July과 8월 August의 유래! - 황제에 버금가는 정치가 카이사르의 등장

제1회 삼두정치를 제압하고 갈리아(지금의 프랑스를 중심으로 한 지역) 원정(BC 58~BC 51)으로 이름을 떨친 인물이 율리우스 카이사르(Julius Caesar)다. 줄리어스 시저라고도 불린다.

카이사르는 정확한 달력으로 사회를 운영하기 위해 태양력을 도입했다. 그는 1년을 365일로 정하고, 4년에 한 번 하루를 더해 1년이 366일인 윤년을 만들었다. 이것이 카이사르가 정한 율리우스력이다. 율리우스력은 오늘날 우리가 사용하는 달력의 기원이 되었다. 그는 7월(July)에 자신의 이름인 '줄리어스(Julius)'를 붙였다. 그리고 8월(August)에는 카이사르가 꿈꿨던 황제를 연상케 하는 칭호 '아우구스투스(Augustus)'가 붙었다. 아우구스투스는 '존엄한 자'라는 뜻이다.

카이사르는 사실상 초대 황제나 다름없었다. 그에게는 천부적 카리스마가 있었다. 그는 시민들에게 자신이 누구보다 높은 권위를 가진 로마의 일인자라는 인식을 심어주었다.

기원전 44년, 권력과 권위를 한 손에 거머쥔 카이사르는 원로원의 전통을 중시하던 공화정파의 반발을 사 암살당했다. 원로원 회의장에서 단검에 28군데나 찔려 죽어가던 가운데, 암살자 무리 속에 믿었던 정치가가 섞여 있는 것을 발견하고 '브루투스, 너마저……'라는 말을 남겼다고 한다.

⊙ 4년에 한 번 있는 윤년, 왜 2월의 일수를 조정할까?

달력에서 2월의 일수는 다른 달보다 적다. 또 윤년일 때는 2월 말에 윤날을 하루 둔다. 요컨대 2월은 한해를 결산하는 달이다. 고대 로마 시대에는 2월이 열두 번째 달, 즉 마지막 달이었기 때문이다. 오늘날 3월(March)을 뜻하는 '마르티우스'는 원래 새해를 시작하는 달이었다고 한다.

신성한 독재자 아우구스투스, 황제 자리에 오르다! - 제정 로마의 시작

기원전 27년, 원로원은 제2회 삼두정치(BC 43~BC 36)를 제압한 옥타비아누스에게 '아우구스투스'('존엄한 자'라는 의미)라는 칭호를 내렸다. 그는 끊임없이 내란에 시달렸던 한 세기를 수습한 정치가였다.

이로써 제정 로마가 성립되었다. 로마 근교에서 출토된 '아우구스투스(옥타비아누스) 조각상'을 살펴보면 발 언저리에 큐피드가 있다. 이는 그가 신들의 자손, 즉 신성한 존재임을 나타낸다. 이후 아우구스투스는 '황제'의 칭호로서 널리 쓰이게 되었다.

로마 제국 최고의 전성기는 오현제(五賢帝) 시대(96~180)다. 오현제란 로마 제정 시대 가운데 가장 융성한 시기인 96~180년 사이에 통치하였던, 유능한 다섯 명의 황제를 말한다. 그들은 네르바, 트라야누스, 하드리아누스, 안토니누스, 마르쿠스 아우렐리우스이다.

2세기 트라야누스 황제 치세에 이르러서는 제국의 영토가 최대로 넓어져 서쪽으로는 브리타니아(지금의 영국), 동쪽으로는 메소포타미아까지 아울렀다.

212년 카라칼라 황제는 제국을 구성하는 모든 자유민에게 로마 시민권을 부여했다. 특권 계층(로마 시민권자)뿐만 아니라 영내 모든 백성(자유민)이 법의 테두리 안에 들어가게 되었다. 이로 인해 로마의 법 제도는 시민법이 아닌 만민법의 성격을 띠게 되었다.

카라칼라 목욕탕과 시민 생활! - 초저가 '유흥의 전당'

216년 로마시 중심가에 '유흥의 전당'이라 할 수 있는 시설이 세워졌다. 한 번에 1,600명을 수용하는 거대한 공중목욕탕이었다. 사람들은 이 시설을 당시의 황제 카라칼라의 이름을 따서 '카라칼라 목욕탕'이라 불렀다.

욕실은 열탕 · 온탕 · 냉탕으로 나뉘어 세 가지 즐거움을 맛볼 수 있었다. 먼저 열탕에서 운동으로 흘린 땀을 씻는다. 그런 다음 온탕에서 몸을 식히고 냉탕에서는 수영을 한다.

시민들은 초저가 요금으로 이 시설을 이용할 수 있었다. 입욕 후에는 연회도 즐겼다. 체육실이나 도서관도 갖춰져 있었다고 한다.

⊙ 황제의 칭호는 모두 로마로 통한다

황제는 영어로 '엠퍼러(emperor)'라고 한다. 이 칭호는 로마에서 '개선 장군'을 의미하던 임페라토르(Imperator)에서 왔다. '존엄한 자'란 의미의 아우구스투스(Augustus) 역시 '황제'를 가리키는 말이었다. 또 황제를 독일어로는 '카이저', 러시아어로는 '차르'라고 하는데, 이는 모두 카이사르(Caesar)에서 유래했다.

'예수 그리스도'의 탄생! - 크리스트교의 성립

제정 로마가 시작된 지 얼마 되지 않았을 무렵이다. 기원후 28년경, 속주 유다(팔레스타인 지방)에서 한 청년의 포교가 사람들의 지지를 받았다. 청년 이름은 예수(BC 7?/BC 4?~30?)였다.

유다의 하층민은 로마의 가혹한 지배 아래, 신의 구원을 바라며 신이 보낸 메시아(구세주)가 나타나기를 기다렸다. 당시 유대교 지도층인 바리새파는 율법을 알아야 신에게 구원받을 수 있다고 주장했고, 이에 하층민들의 불만은 높아져 갔다. '온종일 녹초가 될 때까지 일하는데 율법을 배울 시간과 여유가 어딨단 말이요!'라는 것이었다.

이런 시기에 예수의 주장은 신선한 충격으로 다가왔다. 예수는 신의 구원을 얻으려면 '율법을 아는 것보다 굳건한 신앙심을 지니는 것이 중요하다'고 말했다. 사람들은 예수가 바로 메시아라고 믿기 시작했다.

바리새파는 유다 총독을 움직여 예수를 '십자가형'에 처했다. 그런데 그로부터 사흘 뒤 예수의 시체가 사라졌고, '3일 후의 부활'을 믿던 제자 베드로는 예수를 신격화하여 예수 메시아 교단을 결성한다. 이것이 유대교와 크리스트교의 분기점이 되었다. 이 무렵 사도 바울은 로마 제국 전역에 복음을 전하고자 전도 활동을 펼치고 있었다.

당시 '메시아'라는 교단명은 히브리어(유대인의 언어)였는데, 세계 종교로 발돋움하려면 이를 코이네(고대 그리스 공용어)로 개칭해야 한다고 생각하여 '크리스트교'로 바꾸었다. 이렇게 해서 예수 그리스도 교단이 탄생했다. 훗날에 기록된 《신약성서》(2~4세기)도 히브리어가 아니라 코이네로 쓰였다.

크리스트교에서는 신의 나라로 들어감으로써 영혼을 구원(내세구원)받을 수 있으며, 신앙의 길에 접어들 때는 회개하는 마음으로 세례를 받으면 된다고 말한다.

바울이 없었다면 크리스트교도 없었다고 할 수 있다. 로마 제국의 주요 도시를 돌아다닌 바울의 전도 여행을 계기로 크리스트교는 민족과 계급을 초월한 세계 종교로 성장했다. 그리고 392년 크리스트교는 로마 제국의 유일한 국교로 선포된다.

⊙ 로마 교회와 로마 교황

로마 가톨릭교회를 창설한 것은 예수의 열두 제자 가운데 으뜸이었던 베드로였다. 베드로가 네로 황제의 박해로 순교한 뒤, 그의 무덤 위에 산피에트로 대성당이 세워졌다. 그리고 베드로의 계승자는 로마 교황이 되었다.

제3장

유럽 세계의 성립과
수 · 당 제국

서로마 제국이 부활한 8세기, 유럽은 크리스트교 문화권이 되었다. 이 무렵 국제적 색채가 짙은 당 제국에서는 크리스트교 네스토리우스파가 융성했고 포도주와 페르시안 춤이 인기를 얻었다.

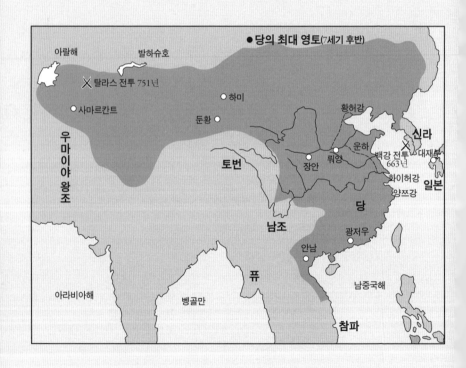

● 당의 최대 영토(7세기 후반)

아랄해 · 발하슈호 · 탈라스 전투 751년 · 하미 · 황허강 · 신라 · 사마르칸트 · 둔황 · 운하 · 백강 전투 663년 · 대재부 · 우마이야 왕조 · 토번 · 장안 · 뤄양 · 화이허강 · 양쯔강 · 일본 · 남조 · 당 · 광저우 · 안남 · 퓨 · 남중국해 · 아라비아해 · 벵골만 · 참파

1. 과자보다 고기를 좋아한 카를 대제

서로마 멸망 후 신을 구한 클로비스?!! - 프랑크 왕국의 시점

크리스트교가 국교화된 4세기 말, 게르만 민족이 로마 제국으로 대거 침입해왔다. 376년에 도나우강을 넘은 서고트족을 시작으로 여러 민족이 로마 영내로 몰려 들어온 것이다. 날씨 불순으로 인한 생활 파탄, 아시아계 훈족(Huns)의 서진 등이 이동의 원인으로 꼽힌다.

395년 테오도시우스 황제는 이 사태를 타개하고자 아드리아해를 경계로 로마 제국을 동서로 나누었다. 그러자 게르만인은 지형이 험한 동로마 측을 피해 서로마 측으로 향했다. 영내에 여러 게르만족의 나라가 잇달아 들어서면서 476년 서로마 제국은 멸망한다.

그렇다면 이런 상황에서 유럽 세계는 어떻게 탄생한 것일까? 그

열쇠를 쥔 것은 갈리아에서 일어난 프랑크 왕국이었다.

496년 프랑크 왕국의 초대 국왕 클로비스가 800명이 넘는 가신들을 이끌고 크리스트교(아타나시우스파)로 집단 개종한다.

개종의 목적은 갈리아 시민들로부터 지지를 얻음으로써 안정된 지배체제를 구축하기 위해서였다. 왕국이 오래가려면 옛 서로마인들의 지지가 꼭 필요하다고 생각한 것이다.

⊙ 게르만인의 이동을 부추긴 훈족

훈족은 중앙아시아에 살던 몽골계의 흉노라고 전해진다. 그들은 게르만인과 함께 로마로 침입하여 5세기에는 판노니아 평원에 나라를 세웠다. 10세기, 같은 지역에 아시아계인 마자르인이 이동해와 헝가리 왕국을 건국한다. 헝가리라는 국명은 '훈(Hun)족이 정착했던 갈리아 지역'에서 유래한 것이다.

지브롤터 해협을 건너 신의 군대가 쳐들어오다?!! - 투르 · 푸아티에 전투

프랑크 왕국에 검은 구름이 드리웠다. 8세기, 침략과 파괴로 세력을 확장하던 우마이야 왕조의 이슬람군이 북아프리카를 휩쓴 뒤 지중해 너머 지금의 스페인 땅에 상륙한 것이다.

이때 지하드(대정복 전쟁)의 지휘관은 아랍인인 타리크 이븐 지야드였다. '지브롤터' 해협이라는 명칭은 이 지휘관의 이름에서 유래했다.

이슬람군은 프랑크 왕국으로 쳐들어왔으나, 루아르강 이남의 투르와 푸아티에 사이에서 프랑크군에 격퇴당했다. 전투에서 승리했다는 소식이 전해지자 프랑크 왕국의 궁정에는 환호성이 울려 퍼졌다. 멀리 떨어진 이탈리아의 로마 가톨릭교회에서도 이슬람교라는 외적으로부터 유럽의 크리스트교 문화권을 지켜냈다며 이 승리를 높이 평가했다.

카를 대제가 등장하다!! - 서로마 제국의 부활

751년 프랑크 왕국에서는 카롤링거 왕조(751~987)가 수립되었다. 새로이 국왕의 자리에 오른 것은 피핀 3세(작은 피핀)였다. 그는 756년에 이탈리아 북동 지역의 라벤나 지방을 로마 교황에게 헌상했다. 이를 '피핀의 기증'이라고 한다.

교황은 처음으로 자신의 영지와 영민을 소유하게 되었다. 프랑크 국왕과 로마 교황은 긴밀한 관계를 이어나갔다. 이렇게 해서 국왕과 손잡은 교회는 크리스트교 세계의 강력한 옹호자를 얻게 되었다.

그 뒤를 이어 프랑크 왕국의 전성기를 이끈 카를 대제(재위 768~814)가 등장한다. 카를 대제는 서쪽의 피레네산맥에서 동쪽의 엘베강까지 영토를 넓혔다. 서유럽 전체를 아우를 정도의 규모였다. 더불어 카롤링거 르네상스를 추진하여 고전 문화의 부흥과 라틴어 보급에도 공헌했다.

800년 12월 25일, 로마 시내의 산피에트로 대성당에서 교황 레오 3세가 카를 대제에게 서로마 황제의 관을 씌워주는 의식이 거행되었다. 카를 대제의 황제 대관식이었다.

그리하여 프랑크 왕국의 카를 대제는 '서로마 제국의 계승자'로서 황제가 되었다. 교황과 황제의 협력으로 유럽 세계가 탄생한 것이다.

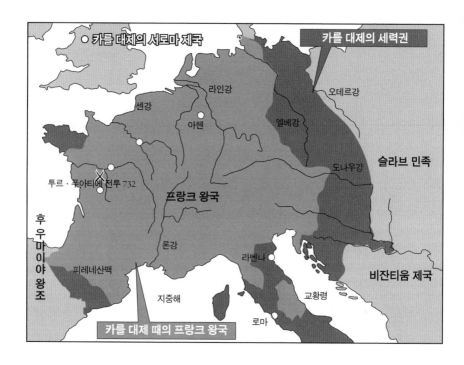

⊙ 카를 대제는 육식계 만능 스포츠맨이었다!

카롤링거 르네상스를 추진한 아인하르트의 저서 《카를 대제전(傳)》에 따르면 카를 대제는 만능 스포츠맨이었다고 한다. 그는 승마와 수영, 사냥이 특기였고 육식을 즐겼다. 조부 카를 마르텔과는 다른 유형이 었던 것 같다.

프랑스, 독일, 이탈리아는 어떻게 탄생했을까?! - 프랑크 왕국의 분열

지금까지 살펴본 바와 같이 유럽 세계는 크리스트교의 지휘자인 로마 교황과 서로마 제국의 지배자인 프랑크 국왕이 협력함으로써 완성되었다.

서로마 황제, 즉 프랑크 국왕은 크리스트교를 보호하는 역할을 짊어졌다. 이를 위해서는 말할 것도 없이 '부활한 서로마 제국'이 강해야 했다. 그런데 카를 대제가 죽자 프랑크 왕국은 서프랑크·중프랑크(라인강 유역~북이탈리아)·동프랑크로 나뉘고 말았다.

870년 동·서 프랑크 왕국이 메르센 조약을 체결하여 라인강 유역을 분할했다. 이렇게 셋으로 나뉜 프랑크 왕국은 그 후 어떻게 되었을까?

바로 지금의 프랑스, 이탈리아, 독일 각 영토의 원형을 이루게 되었다. 메르센 조약으로 동프랑크와 서프랑크가 알프스 이북의 영토를 나뉘어 가졌기 때문에 중프랑크의 영토는 알프스 이남, 북이탈리아로 한정되었다. 그 경계선은 오늘날의 프랑스어, 이탈리아어, 독일어의 언어 경계선과도 거의 일치한다.

이처럼 유럽 대륙의 주요 3국은 프랑크 왕국의 분열로 형성된 것이라 할 수 있다. 그런데 10세기가 끝나기 전 세 프랑크 왕국은 모두 사라진다.

크리스트교는 서로마 황제(프랑크 왕국)라는 옹호자를 잃었고, 유럽에는 긴장감이 감도는 시기가 찾아온다.

동로마 제국은 어떻게 되었을까?! - 유스티니아누스 1세의 시대

같은 시기, 동로마 제국(395~1453)은 어떤 길을 걸었을까? 수도 콘스탄티노플(지금의 이스탄불)은 원래 고대 그리스인의 식민도시였던 비잔티움이었다. 그래서 동로마 제국을 '비잔틴 제국'으로도 부른다.

동로마 제국은 6세기에 지중해를 재통일했다. 《로마법 대전(大全)》이 편찬된 것도 이 시대였다. 이 법전은 법률뿐만 아니라 학설, 개론 등도 함께 소개하고 있어 후세의 법학 연구에 지대한 영향을 미쳤다.

건축에서는 이스탄불의 아야 소피아가 걸작으로 평가받고 있다. 높이 54m, 지름 32m의 거대한 돔 지붕은 가히, 압도적이다.

그러나 1453년, 번영을 구가했던 동로마 제국은 오스만 제국에 함락되었고 아야 소피아는 이슬람교의 모스크(예배당)로 변형되었다. 성당 내 예수의 모자이크도 회반죽으로 덮였다.

이러한 만행으로부터 해방된 것은 1935년 이슬람 세계 최초의 근대 국가 터키 공화국의 대통령 케말 파샤 때였다. 그는 아야 소피아를 종교색 없는 박물관으로 바꿨다. 모자이크도 아직 일부에 불과하긴 하나 회반죽을 걷어내는 복원 작업을 진행하여 빛을 되찾았다. 하지만 최근 터키의 정치적 상황에 따라서 아야 소피아는 터키 행정법원의 결정에 따라 2020년 7월 다시 모스크로 바뀌었다.

이탈리아 라벤나 지방에 있는 산비탈레 성당도 뛰어난 건축물로 손꼽힌다. 특히 6세기에 제작된 유스티니아누스 황제 부부의 모자이크가 유명하다. 모자이크는 여러 빛깔의 유리를 구워서 그것을 깨뜨린 다음 파편을 조각조각 붙여서 만드는, 몹시 끈기가 필요한 예술 기법이다.

2. 이렇게 해서 유럽 국가는 탄생했다

러시아에 뿌리내린 노르만인! - 노르만인의 건국 운동

프랑크 왕국이 셋으로 분열한 9세기, 스칸디나비아반도 · 발트해 연안에 살던 노르만인(Normans)이 유럽 각지로 이동하여 건국 운동을 펼쳤다. 그들은 '북방의 게르만인'이었다. 배를 타고 하천과 해양을 자유롭게 이동하는 '작은 만(vik)에 사는 민족'이란 뜻에서 바이킹(Viking)으로도 불렸다.

다양한 물자 획득과 운송을 활동 기반으로 삼았다는 점에서 '뷔페'의 이미지가 연상됐으리라. 그런데 노르만인 중에서 러시아로 향한 한 무리가 있었다. 루스족(루시)이라 불리던 그들은 862년 노브고로드 공국(公國)을 세우고 슬라브 문화에 동화되어갔다.

루스족은 로마자로 '루스(Rus)'라고 표기되는데, 이는 러시아

(Russia)의 어원이 된다. 882년에는 드네프르강 유역으로 옮겨가 키예프 대공국(882~1243)을 세웠다.

키예프 대공국은 드네프르강~흑해~콘스탄티노플의 유통망을 중시했기 때문에 989년 동로마의 크리스트교를 국교화하여 비잔틴 제국과 우호를 다졌다. 그러나 13세기에 이르러 몽골군에게 점령당해 멸망하고, 1243년부터 몽골인 왕국 킵차크한국(1243~1502)의 지배를 받는다.

영국을 만든 것은 프랑스였다?!! - 영국 왕국의 성립

노르만인은 프랑크 영토에도 나라를 세웠다. 911년 서프랑크령 북부에 노르망디 공국이, 1016년 영국에 데인 왕조가 탄생한다.

여기서 유럽의 건국 운동에 영향을 미친 노르망디 공국을 눈여겨봐야 한다. 데인 왕조가 무너진 뒤, 1066년 노르망디 공 윌리엄이 영국에 상륙했다. 이 상륙 지점에서 헤이스팅스 전투가 일어난다. 현지인들은 앵글로색슨 왕국(829~1016)의 부활을 꿈꾸며 저항했으나 무참히 짓밟혔고, 영국에는 노르만 왕조(1066~1154)가 수립되었다.

그 결과 노르망디 공은 본거지인 프랑스와 정복지인 영국 양쪽에 영토를 갖게 되었다. 관점을 바꾸면 프랑스 내에 영국 노르만 왕조 국왕의 영토가 있다고 볼 수도 있었다.

노르만 왕조의 명맥이 끊기자 프랑스로부터 또다시 새로운 세력이 들어왔다. 앙주 백작이었다. 앙주 백작은 노르만 왕조의 뒤를 이어 플랜태저넷 왕조(1154~1399)를 일으켰다.

영국의 건국 과정은 얼핏 복잡해 보이지만, 단 두 가지만 기억하면 된다. 하나는 영국의 지배 세력이 노르만 왕조에 뿌리를 두며 이왕조가 플랜태저넷 왕조로 이어졌다는 것이다.

또 하나는 노르만 왕조와 플랜태저넷 왕조 모두 프랑스에 영지를 갖고 있다는 사실이다. 이 때문에 훗날 영국과 프랑스 사이에 영토를 둘러싼 분쟁이 일어나는데, 그것이 바로 백년 전쟁이다.

한편 같은 시기, 노르망디 기사단이 지중해로부터 침입하여 남이탈리아를 제압했다. 이들 또한 노르망디 공국의 세력이었다. 이기사단은 1130년 시칠리아섬과 이탈리아반도 남부를 영토로 하는양 시칠리아 왕국(1130~1860)을 건국한다.

프랑스는 원래 왕권이 약한 나라였다?!! - 프랑스 왕국의 성립

프랑스는 987년 서프랑크 왕국의 단절을 계기로 성립한 나라다. 프랑스를 건국한 인물은 서프랑크 왕국의 파리 백작 위그 카페다. '백작'은 지방 장관을 가리킨다. 위그 카페는 노르만인 침공 때 보여준 활약을 인정받아 왕으로 선출되었다. 이로써 프랑스 최초의 왕조인 카페 왕조(987~1328)가 수립되었으나, 그 실태는 제후 연합 국가였다. 왕권은 매우 약했다.

왕권이 강해진 시기는 십자군 원정 시대였다. 그리고 14세기에

이르러 필리프 4세(재위 1285~1314)가 교회에 대한 지배 정책을 강화했다.

로마 교황 보니파시오 8세가 이를 비난하자 국왕은 교황을 감금하여 굴욕감을 안겨주었다. 이 사건을 아나니 사건(1303)이라고 한다. 사건이 일어난 다음 달, 교황은 화병으로 혈압이 높아져 죽고 말았다.

교회에 대한 국왕의 공격은 여기서 그치지 않았다. 국왕은 로마 교황을 프랑스로 연행하고 교황청을 아비뇽으로 옮겼다. 이 사건을 교대 유대인의 바빌론 유수에 빗대어 '교황의 아비뇽 유수(幽囚)(1309~1377)'라고 부른다. 유수란 잡아 가둔다는 뜻이다. 교황의 권위는 프랑스에 의해 바닥으로 떨어졌다.

프랑스 건국 전야에 즉위한 독일의 왕! - 신성 로마 제국의 성립

프랑스 건국을 눈앞에 둔 10세기 중반, 아시아계 유목민인 마자르인이 서쪽으로 진격해왔다. 이를 격퇴한 사람은 옛 동프랑크(지금의 독일) 지역에서 등장한 오토 1세였다.

오토 1세는 전쟁에서 얻은 성과를 인정받아 962년에 임금이나 황제가 처음으로 왕관을 써서 왕위에 올랐음을 알리는 대관식을 치렀다. 오토 대관, 즉 서로마 황제 즉위식이었다. 대관은 이른바 황제와 교황의 협력 관계를 인정하는 의식이었다. 이로써 독일은 명실상부한 신성 로마 제국(962~1806)으로 거듭나게 되었다.

'신성 로마 제국'이란 국명은 '크리스트교를 옹호하는 서로마 제국'을 의미한다. 요컨대 로마 교황은 쇠망해 가던 프랑크 왕국을 대신할 새로운 서로마 황제를 얻게 된 것이다.

지금까지 크리스트교 문화권인 유럽 세계가 어떻게 형성되었는지 살펴보았다. 다음 장에서는 중국의 역사를 살펴보도록 하자.

3. 양귀비가 좋은 걸 어떡해!

적벽대전을 돌파하라!! - 삼국시대에서 5조 16국 시대로

중국 이야기로 돌아가 보자. 앞에서 살펴본 한(漢) 제국에 이어 삼국시대(220~280)부터 살펴보자. 후한 말기에 일어난 황건의 난(184)을 계기로 중국에서는 호족이 할거한다. 호족은 토지를 매개로 소작인을 지배하는 대지주였다. 그들은 지방에서 독립적인 사회·경제 체제를 구축함으로써 정치적 영향력을 키움과 동시에 부를 축적하여 무기와 전력도 갖출 수 있었다.

그런 가운데 조조, 유비, 손권이 등장한다. 이 세 인물을 중심으로 '천하 삼분'의 정치 상황이 펼쳐졌고, 208년 적벽대전을 계기로 위(220~265), 촉(221~263), 오(222~280) 삼국 분립 체제가 들어섰다.

이 국면은 280년 위나라에서 군사력을 장악한 사마염이 전국을 통일함으로써 일단락된다. 사마염은 통일 왕조 진(서진)을 세우고 무제가 되었다. 도읍은 뤄양으로 정했다. 그러나 그가 죽고 차대 황제가 즉위하자 제위를 둘러싼 내란이 일어났다. 이를 팔왕의 난(290~306)이라고 한다.

이때 사마씨 일족인 여덟 명의 왕은 서로 싸움을 유리하게 전개하기 위해 주변의 이민족을 용병으로 기용했다. 이것이 '5호(胡)의 침략'이라는 최악의 사태를 불러왔다.

'호'는 비중국인인 이민족을 가리킨다. 몽골계인 흉노·선비·그리고 티베트계인 저·강의 '다섯 이민족'이 중국의 화북(황허강 중·하 유역 지방)으로 밀어닥쳐 세력을 다퉜다(5호 16국 시대, 304~439).

그 결과 진나라는 멸망하고 사마씨는 양쯔강(장강) 하류의 건강(난징)으로 수도를 옮겨 동진(317~420)을 세웠다.

⊙ 〈삼국지〉를 재밌게 쓰다

삼국시대의 정사(正史)로는 서진의 진수가 편찬한 ≪삼국지≫가 있다. 이 책을 '들려주는' 식으로 편찬한 것이 명나라 시대 나관중이 쓴 역사 소설 ≪삼국지연의≫다. 사실과 다르게 각색된 부분도 있지만, 전개가 극적이어서 서민의 마음을 단숨에 사로잡았다. 근래에는 적벽대전을 주제로 〈적벽대전〉(감독 존 우, 2008)이라는 영화도 제작되었다.

북조의 탁발씨와 남쪽의 한(漢)민족 왕조가 어깨를 나란히 한 시대!!

- 남북조 시대

중국의 혼란을 수습한 것은 5호 가운데 하나인 몽골계 선비족 탁발씨였다. 탁발씨는 북위(386~534)를 건국한 뒤 439년에 황허강 유역의 화북 지방을 통합했다.

5세기 후반, 북위에서는 한족화(漢族化) 정책이 도입되었다. 이 정책은 상당히 파격적이었다. 그도 그럴 것이 지배 세력인 탁발씨에게 옛날부터 이어져 내려온 선비족의 전통문화를 버리고 한족, 즉 중국인의 복장과 언어 등을 사용하도록 했기 때문이다. 현지 문화에 융화함으로써 안정된 통치 체제를 구축할 수 있으리라 생각한 북위의 지배층은 성씨까지 중국풍으로 바꿨다. 또 만리장성 가까이 평성에 있던 수도를 황허강 유역의 뤄양으로 옮겨 균전제라는 토지 제도를 시행했다. 이는 국가 소유인 토지를 농민에게 빌려주고 사후에 회수하는 제도였다. 북위가 분열한 후 등장하는 북주(556~581)까지를 북조라 이른다.

양쯔강 중·하류 지역인 강남 지방에서는 420년부터 589년까지 건강을 수도로 송→제→양→진 네 왕국이 흥망을 거듭했다. 이 왕조들을 남조라고 부른다. 그리고 화이허강을 경계로 남조와 북조로 나뉜 이 시기를 가리켜 남북조 시대(420~589)라고 한다.

과거제 도입과 대운하 건설! - 수 왕조의 성립

581년, 북조의 북주를 무너뜨리고 수 왕조(581~618)가 성립했다. 그리고 589년에 수나라는 남북통일을 달성한다. 도읍은 대흥성(장안, 지금의 서안)이었다.

수 왕조는 국정의 발본적 개혁을 이뤘다. 능력주의('오경'에 관한 필기시험)에 따른 관리 임용 제도, 이른바 과거제(선거제)의 도입도 그중 하나였다. 그뿐만 아니라 토지 제도인 균전제, 조세 제도인 조용조, 농민 개병제도인 부병제 등의 정책을 시행했다.

하지만 무엇보다 수나라가 펼친 가장 눈부신 성과는 대운하 건설 사업이었다. 양쯔강~화이허강~황허강 및 도읍과 주변 도시를 운하로 잇는 교통망이 확충됨으로써 화북 · 강남 지방 사이의 왕래와 물자 유통이 비약적으로 발전했다.

이와 동시에 수나라는 고구려 원정을 준비했다. 당시 서역에서 북방까지 세력을 넓힌 터키계 기마 유목민 돌궐(552~744)에 대항하기 위해서는 중국 동북 지방의 고구려(BC 37?~668)를 정복해야 했다. 그러나 세 번의 고구려 원정은 모두 실패로 돌아갔다. 이를 계기로 국내에서 반란이 일어나 수나라는 허망하게 무너진다.

당 왕조도 중국인의 왕조가 아니다!! - 여제 측천무후의 등장

수나라가 반란으로 무너지자 장안을 도읍으로 당 왕조(618~907)가 탄생했다. 당나라는 북조 이래 이어져 내려오던 통치 체제를 완성한 왕조다. 그런데 이 시대에 농민이 짊어져야 했던 조세와 군사의 부담은 매우 과중했다.

당나라는 제2대 태종(이세민) 시대에 '율(해서는 안 되는 일)'과 '영(반드시 해야 하는 일)'을 제정하여 율령체제라는 통치 기반을 마련했다.

태종은 토번(티베트) 왕국에 자신의 딸 문성 공주를 시집 보내 우호 관계를 맺었다. 인도에서 불교를 들여온 현장을 환대한 것도 태종이었다. 이러한 정책을 바탕으로 당 제국은 국제적 색채를 띠기 시작했다.

그러나 제3대 황제인 고종이 죽자 황후가 황제 자리에 올라 국호를 주(周)로 고쳤다. 그녀가 '중국 역사상 유일한 여자 황제' 측천무후(재위 690~705)다. 뒤이어 등장한 현종(재위 712~756)은 측천무후의 권력 탈취를 비난하며 황제 지배권 강화를 맹세했다.

아들의 처 양귀비를 빼앗다!! - 탁발국가의 집대성

현종 황제는 양 씨 일족으로부터 아들의 비를 들였다. 그녀가 바로 양귀비다. 그러나 양귀비의 화려한 외모를 보고 한눈에 반한 현종은 그녀를 자신의 여인으로 삼고 만다. 현종과 양귀비의 나이는 무려 34살이나 차이가 났다.

백거이가 지은 〈장한가(長恨歌)〉에는 장안 교외의 화청지(온천)에서 목욕을 즐기는 양귀비의 모습을 묘사하고 있다. 또 현종의 측근으로 '시선'이라 칭송받던 이백도 이 두 사람과 술을 마시며 어울렸다고 한다. 이백은 만취하여 현종의 심기를 건드리는 바람에 장안에서 추방당했다.

장안의 대진사(크리스트교 네스토리우스파의 사원) 옆 서시 부근에는 금발에 파란 눈의 페르시아계 무희가 손님에게 와인을 따르고 배꼽을 노출한 차림으로 호선무를 추는 가게도 성행했다. 이곳에서 이백은 한 손에 와인 잔을 든 채 미소 짓고 있었으리라. 현종이 양귀비에게 한눈팔려 있는 사이, 안사의 난(755~763)이 일어났다. 이후 번진이라 불리는 군사 집단의 할거가 심해지면서 당 왕조는 멸망의 길로 접어든다.

⊙ 탁발국가 시대

북위는 몽골계 선비족 탁발씨가 건국한 나라다. 이 북위에서 시작한 북조(북위·동위·서위·북제·북주, 386~581)부터 수(581~618)·당(618~907)까지의 왕조는 모두 선비족의 탁발씨 출신, 혹은 같은 계열의 권력가에 의해 세워졌다. 정책의 기본도 같았다. 이 때문에 탁발씨가 중국을 지배했던 520년간을 '탁발국가 시대'라고 부른다.

제4장

이슬람 제국의
등장과 발전

예언자 무함마드가 창시한 이슬람교는 무자비한 파괴를 거듭하며 거대한 제국을 구축해나갔다. 전성기 때는 이베리아반도에서 중앙아시아까지 세력을 넓혔다. 한편 이슬람 상인은 산용(算用)숫자를 국제화했다.

● 분열해가는 이슬람 제국

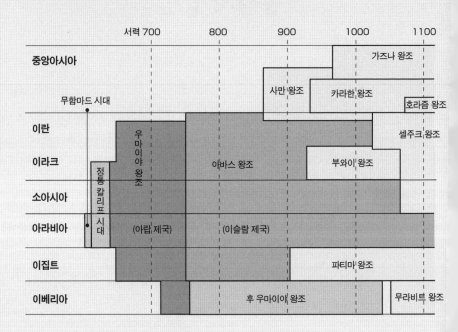

1. 인간은 모두 평등하다! 무함마드 등장

'신 앞에 모두 평등하다'는 무함마드의 가르침! - 이슬람교의 성립

6세기, 사산 왕조 페르시아와 비잔틴 제국 사이에 영토 분쟁이 격렬해졌다. 충돌 현장은 메소포타미아 지방 부근이었다. 이 때문에 동서 교역로가 가로막혔다.

어떻게 해서든 대체 경로를 확보해야 한다고 고민하던 그때, 홍해와 접한 아라비아반도 서쪽 해안을 경유하는 육·해로가 눈에 들어왔다.

이때부터 메카는 오아시스 도시(교통과 상업의 중계 기지)로서 발전하기 시작한다. 그러나 상업 도시의 번영은 다른 한편으로 농업과 유목 중심이었던 아라비아반도의 아랍인 사회에 격차를 만들었고 민족 붕괴를 초래했다.

610년경 이러한 변화에 고뇌하던 한 상인이 메카 교외에 있는 히라산으로 들어갔다. 그의 이름은 무함마드(570?~632)였다.

이슬람교에서 무함마드는 '최후이자 최고의 예언자'로 추앙받고 있다. '최후'나 '최고'와 같은 설정은 가히 자기중심적이다. 하지만 이와 같은 자기중심적 캐릭터가 바로 일신교의 특징이라 할 수 있다.

무함마드는 동굴 속에서 갑자기 자신에게 다가온 밝은 빛으로부터 신의 계시를 '읽으라'는 소리를 듣는다. '밝은 빛'은 천사 가브리엘이었다. 이 천사가 신의 말(계시)을 전한 것이다.

신 알라에 '절대복종'하는 상태를 이슬람이라고 한다. 이슬람교에서는 신의 계시에 따름으로써 '신 앞에 모두 평등'한 사회가 실현되고, 이때 비로소 고뇌로부터 해방될 수 있다고 말한다.

⊙ 〈코란〉 속 예언자

신 알라로부터 받은 계시를 아라비아어로 기록한 것을 〈코란(꾸란)〉이라고 한다. 코란은 '읽으라'는 뜻이다. 이 경전은 650년경에 완성되었다. 여기에는 예언자 28명이 나오는데, 예언자란 탁월한 영감으로 신의 말을 듣고 그것을 지상에 전하는 자를 가리킨다. 유대교의 모세, 크리스트교의 예수도 소개되어 있다.

이슬람교와 TV는 닮았다?! - 하루 5회 예배드리는 관습

무함마드는 유일신에 대한 신앙을 통해 '신 앞에 모두 평등'한 세상을 이루고자 했고, 고도성장 시대의 일본은 '3종 신기(神器)', 즉

흑백 TV · 냉장고 · 세탁기로 평등 사회를 실현하고자 했다.

'신기' 중에서도 가장 대표적인 것은 TV였다. 모든 가정에 TV가 갖춰졌을 때, 신 앞에 '모두 평등'한 사회가 아니라 소비 앞에 '모든 국민이 평등'한 사회가 구현된다고 여겼다.

'국민 통합과 지역 · 사회의 구심력'이 된 TV의 등장은 인류 역사상 괄목할 만한 사회 혁명이었다. 거실에 있던 TV는 종종 고급스러운 비단보 같은 천으로 싸여 있었는데 그 모습은 마치 정육면체의 카바 신전과 비슷했다.

TV는 이슬람교와 닮은 데가 있다. 이슬람교도들은 하루에 5번 같은 시각에 예배를 올린다. 예배 시간이 되면 카바 신전이 있는 성지 메카(지금의 사우디아라비아)를 향해 엎드려 절해야 한다.

이렇게 함으로써 무슬림(이슬람교도)은 신 앞에 '모두 평등'하다는 사실을 확인한다. 마찬가지로 TV를 볼 때도 하루에 몇 번씩 같은 시각에 모여 정육면체의 상자(화면)를 향한다.

다른 점이 있다면 TV는 아이돌의 모습을 송출하여 아이돌 우상 숭배 현상을 불러일으키는 데 반해 이슬람교는 우상 숭배를 부정한다는 것이다.

그렇다면 이슬람교는 어떤 특색을 지니고 있을까? 이를 알기 위해서는 우선 메카가 어떻게 성지가 되었는지 살펴봐야 한다.

● **이슬람교도 전용 시계가 있다?**

'이슬람교도 전용 시계'가 있다는 사실을 알고 있는가? 자신이 위치

한 곳의 위도 · 경도를 설정하면 예배 시각과 성지 메카의 방향이 표
시되는 놀라운 시계다.

2. 탄생! 인종을 초월한 평등한 제국

카바 신전을 점거하라! - 신의 대정복 전쟁

이슬람교를 창시한 무함마드는 622년 7월 16일, 메카에서 멀지 않은 메디나로 이동하여 움마라는 공동체(훗날 국가로 발전)를 만들었다. 이슬람교는 '헤지라'라고 부르는 이 이동을 중요하게 여겨 이날을 '이슬람력(1년 354일인 태음력)'의 원년 1월 1일로 삼았다.

드디어 무함마드는 지하드(거룩한 사명을 띤 전쟁 즉 성전)라는 이름 아래 '대정복 전쟁'을 개시한다. 우선 메카를 습격하여 카바 신전의 성상을 모두 파괴했다. 이는 우상 숭배를 부정함과 동시에 이슬람교의 지배를 과시한 행위였다.

2001년 3월, 이슬람 원리주의 세력인 탈레반이 바미안석불(높이 55m, 아프가니스탄)을 폭파했다. 이 사건의 바탕에는 무함마드의 우상 숭배 금지 사상이 깔려 있다.

카바 신전은 거의 정육면체에 가까운 석조물로 성 모스크(이슬람교도의 예배 시설)의 정중앙에 있다. 우상 숭배가 금지되는 만큼 신전이라고 해도 알라 상은 없다.

신전은 〈코란〉의 구절이 수 놓인 검은 천으로 덮여 있어 신비로운 분위기를 풍긴다. 그런데 이슬람교 탄생 이전부터 있었던 이곳은 원래 아랍인이 숭배했던 다신교의 우상을 안치한 장소였다.

그 수많은 신 가운데 하나인 알라가 무함마드에 의해 유일신이 된 것이다. 이렇게 해서 이슬람교 사회가 탄생했다.

⊙ 이슬람력은 율리우스력보다 날짜가 앞선다

이슬람력은 완벽한 태음력(太陰曆)이다. 태음력이란 달이 지구를 한 바퀴 도는 시간을 기준으로 만든 역법이다. 1년을 열두 달로 하고, 열두 달은 29일의 작은달과 30일의 큰달로 만들었다. 태음력은 회귀년에 관계없이 30년에 11일의 윤일을 두었다. 계절의 변화와 관계없이 1년을 354일로 정한다. 회귀년이란 태양이 황도상의 춘분점을 출발하여 다시 춘분점에 돌아올 때까지 걸리는 시간이다. 365일 5시간 48분 46초이다. 세계 표준 달력인 그레고리우스력(율리우스력을 개정한 달력)과 비교했을 때 12일이나 차이 나며, 3년이 지나면 1개월 이상(36일간) 앞선다.

이슬람 최대 행사 '메카 순례'는 12번째 달에 열린다!! - 이슬람교의 특색

이슬람력에서 12번째 달은 '순례'(7~13일)의 달이다. 세계 각지의 무슬림이 메카로 찾아온다. 무슬림에게 이 순례는 '일생에 한 번' 있는 대대적인 행사다.

그렇다면 예배는 어떻게 드리는 것일까? 카바 신전의 동쪽 벽면 모서리 아래에는 검은 돌이 박혀 있다. 무함마드가 성상을 파괴했을 때 이 검은 돌만 남았기 때문에 신성시되었다. 순례하러 온 사람들은 이 돌에 입을 맞추고 신전 주변을 일곱 바퀴 돈다.

이슬람교도는 육신(6가지 믿음) 오행(5가지 행동 강령)을 준수해야 한다. 요컨대 알라신과 예언자(무함마드), 내세를 믿고 예배나 순례 등을 행할 의무를 지닌다. 단, 무함마드를 숭배하는 것은 금한다.

또 익히 알려져 있듯이 술을 마셔서는 안 되며 돼지고기도 먹지 말아야 한다. 그 밖에도 '도박을 하지 않는다', '대부금에 대한 이자는 받지 않는다'(투자 자본의 이윤은 용인) 등의 계율이 있다.

흥미로운 점은 여자에게는 '남편 이외의 남자에게 얼굴이나 살갗을 보이지 않도록 차도르(머리부터 온몸을 완전히 감싸는 의복)로 가려야 한다'고 하면서 남자에게는 '4명까지 처를 둘 수 있다'고 하는 것이다. 실로 남자에게만 유리한 규범이라 할 수 있다.

⊙ 〈코란〉을 번역한다니, 있을 수 없는 일이다!

이슬람 세계는 문화 융합 면에서는 매우 유연한 태도를 보이지만, 이슬람교의 경전 취급에 대해서는 굉장히 엄격하다. 아라비아어로 쓰인

《코란》을 다른 언어로 옮기는 것을 허용하지 않는다. 단 해설은 가능하다. 이는 번역하는 과정에서 예언의 해석이 달라질 우려가 있다고 보기 때문이다.

인종도 언어도 다른, 거대한 하나의 움마!! - 이슬람 제국의 성립

632년에 무함마드가 죽자, 지하드라 불리는 대정복 전쟁이 전개된다. 수도를 다마스쿠스에 둔 우마이야 왕조(661~750)는 중앙아시아에서 이베리아반도에 걸쳐 거대한 움마(훗날 국가로 발전)를 건설했다.

우마이야 왕조는 '아랍 제국'이었다. 국가의 재정을 지탱한 것은 비아랍인이 내는 토지 수익에 매기는 조세인 지조(地租)〈하라즈〉와 각 개인에게 일률적으로 매기는 세금인 인두세(人頭稅)〈지즈야〉였고, 아랍인은 세금을 내지 않았다. 이러한 통치 방식 때문에 비아랍계 무슬림이 들고 일어난다.

750년, '신 앞에 모두 평등하다'는 방침을 확립한 아바스 왕조(750~1258)가 탄생했다. 더불어 새로운 수도 바그다드가 건설되었다.

아바스 왕조에서는 언어나 인종에 상관없이 모든 무슬림이 신 앞에 평등했다. 이러한 왕조를 가리켜 이슬람 제국이라고 한다.

이슬람 제국에는 민족이라는 개념이 없다. 언어나 사회적 관습 등에 가치를 두지 않기 때문이다. 중요한 것은 '무슬림이냐, 아니

냐다.

⊙ 무함마드의 후계자 '칼리프'

632년에 세상을 떠난 무함마드는 메디나에 매장되었다. 이곳 메디나는 제2의 이슬람교 성지다. '무함마드의 후계자'를 칼리프라고 하는데, 칼리프는 움마의 지도자를 의미했다. 하지만 11세기 후반에 들어서면서 칼리프는 종교적 권한만 갖게 되었다.

3. 숫자를 발달시킨 이슬람 제국,
시아파의 등장으로 쇠망하다.

여성을 불신한 〈천일야화〉의 주인공, 세계 곳곳을 누비다?! - 이슬람교와 상업

이슬람 제국의 전성기(8~9세기 아바스 왕조)를 보여주는 대표적인 문학 작품으로는 〈천일야화(千一夜話)〉가 있다. 〈아라비안나이트〉라고도 한다.

여성을 불신하는 칼리프가 관료의 딸 세에라자드에게 천하루(天一) 밤에 걸쳐 다양한 이야기를 듣는다는 설정의 작품이다. 고대 인도와 이란의 설화를 바탕으로 아라비아반도와 이집트의 이야기가 어우러져 있어 세계사적 성격을 띤다.

그 유명한 〈알라딘과 마법의 램프〉도 실려 있다. 주인공인 중국의 가난한 소년은 북아프리카 모로코의 마법사를 해치우고 램프의 요정과 마법 반지 덕분에 어마어마한 부를 손에 넣는다. 드라마 전개의 공간감이랄까, 광대한 스케일에 감탄을 금치 못한다.

〈천일야화〉에 실린 또 다른 작품 〈신드바드의 모험〉은 수도 바그다드에서 이름난 대상인의 아들 신드바드가 위험천만한 일곱 번의 원양 항해 끝에 대부호가 된다는 이야기다.

⊙ 신드바드가 획득한 물품

제1회	금화, 백단향, 장뇌 등
제2회	다이아몬드
제3회	육계, 정향 등
제4회	후추나무 열매, 보석류 등
제5회	후추, 코코넛, 참향나무
제6회	루비, 용연향, 참향나무
제7회	상아

이 작품을 통해 바닷길과 육로로 세계 각지에서 상업 활동을 전개했던 무슬림 상인의 모습을 엿볼 수 있다. '신드바드가 획득한 물품'을 살펴보면 대부분 무슬림 상인이 상업을 주도했던 인도·동남아시아 지역의 산출물이며, 심지어 전부 고가(高價)로 팔리던 상품이다.

그중에서도 향신료는 태우면 향기가 퍼지기 때문에 부정을 씻고 공간을 정화하는 용도로 세계 곳곳에서 사용되었다. 당시 인도양을 중심으로 한 바닷길은 '향기의 길'이라고도 불린 향신료의 교역로였다.

이런 상품을 손에 넣었으니 대부호가 되는 일은 어렵지 않았으리라. 이슬람 세계가 확대되어감에 따라 무슬림 상인의 상업 활동은 더욱 활발해졌다.

인도 숫자와 에우클레이데스가 수학의 발달을 가져오다!! - 이슬람 문화

무슬림 상인의 활동 무대는 세계의 끝에서 끝까지였다. 실로 어마어마한 범위를 자랑했다. 그들은 계산에 능했는데, 이는 숫자의 발달 없이는 불가능한 일이었다. 숫자의 발달과 이슬람 문화는 깊이 연관되어 있다.

8세기 이슬람 사회에 인도 숫자와 영(0)의 개념이 도입된다. 그뿐 아니라 9세기 아바스 왕조 시대에 코이네로 쓰인 에우클레이데스(유클리드, BC 300?)의 기하학이 아라비아말로 번역되었다. 무슬림 상인의 세계에서 사용하던 숫자는 세계 각지로 전파되어 오늘날 '아라비아 숫자'라고 부르는 산용숫자(算用數字)가 된다.

또 9세기에 이란인 수학자 콰리즈미는 대수학(代數學)을 집대성했다. 대수학과 기하학은 12세기에 라틴어로 번역되어 유럽의 수학 연구를 자극했다. 이렇듯 아랍인은 각지의 문화를 흡수하면서 이슬람 문화를 구축했고 이를 널리 확산해나갔다.

또 무슬림 상인은 항해를 하거나 야간에 이동할 때 천체의 정확한 위치를 알아야 했다. 이 때문에 천문학이 발달했고 바그다드에 천문대가 세워졌다. 상업이 발달하는 곳에 천문학이 발달하는 법이었다.

⊙ 아라비아어가 기원이 된 영단어

알코올 alcohol, 알칼리 alkali, 대수학 algebra, 연금술 alchemy와 같이
머리글자에 'al'이라는 관사가 붙으면 아라비아어가 어원이라고 한다.
바나나 banana, 바로크 baroque, 상점가 bazaar, 수표 check, 솜 cotton,
레몬 lemon, 잡지 magazine, 오렌지 orange, 복숭아 peach, 소파 sofa,
설탕 sugar, 시럽 syrup 등도 아라비아어에 뿌리를 두고 있다.

무함마드의 혈족만 지도자로 인정한다!! - 시아파의 형성

이슬람 세계는 경제·문화 면에서 눈부신 성과를 보여줬으나,
제국 내부에서는 다수파인 수니파와 새롭게 대두한 시아파가 첨예
하게 대립하고 있었다. 시아파란 무함마드의 혈족만 지도자(칼리프)
로 인정하는 집단을 말한다. 그 이외의 지도자는 인정하지 않는다.

무함마드에게는 파티마라는 딸이 있었다. 시아파는 그녀가 지도
자로서 가장 적합하다고 생각했다. 하지만 파티마는 여자라서 지
도자가 될 수 없었고, 대신 그녀의 남편이 칼리프 자리에 오르게 된
다. 그가 제4대 정통 칼리프 알리다. 그 후 두 사람은 후사인과 하
산이라는 아이를 낳았다.

이렇게 해서 시아파는 '알리와 그의 자손'에게만 지도자의 자격
이 있다고 주장하기에 이른 것이다.

10세기가 되자 시아파는 북서 아프리카·지중해에서 이집트까지 세력을 넓혔다. 파티마 왕조(909~1171)가 나타난 것이다. 왕조의 이름만 봐도 단번에 시아파라는 사실을 알 수 있다.

파티마 왕조는 칼리프를 세우고 이집트에 새로운 수도 카이로를 건설했다. 그리고 이슬람 제국이라 불렸던 아바스 왕조(750~1258, 수니파)의 서부 지역을 빼앗았다.

이러한 움직임은 당시 이베리아반도에 자리 잡고 있던 수니파 후우마이야 왕조(756~1031)에 영향을 미쳤다. 929년, 후우마이야 왕조의 군주는 칼리프를 선언한다. 이렇게 해서 이슬람 세계에는 세 명의 칼리프가 동시에 존재하게 되었다.

그러자 이번에는 이란 서부에서 부와이 왕조(932~1055)가 탄생했다. 이 왕조 역시 시아파 세력이었다.

같은 시기, 중앙아시아에서 튀르크인이 시아파에 반발하여 나라를 세운다. 셀주크 왕조(1038~1194)였다. 왕조를 건국한 토그릴 베그는 "아바스 왕조를 압박하는 시아파는 용서 못 한다!"고 외치며 들고 일어났다.

1055년 셀주크 왕조는 바그다드 입성에 성공하여 부와이 왕조를 타도했고, 아바스 왕조의 칼리프는 마침내 시아파의 손아귀에서 해방되었다.

1058년 아바스 왕조를 위기에서 구한 토그릴 베그에게 '술탄'이라는 칭호가 내려졌다. 술탄은 이슬람 제국의 옹호자라는 의미다.

그럼, 칼리프는 무슨 뜻일까? 칼리프는 이슬람 제국의 지휘자(종교지도자)를 가리킨다. 이 셀주크 왕조의 등장으로 세계사의 톱니바퀴가 크게 움직인다.

⊙ 술탄과 칼리프의 관계

움마 속에서 칼리프는 이슬람교의 지도자였고, 술탄은 움마의 옹호자였다. 요컨대 술탄은 이슬람 사회의 경호원같은 존재라고 할 수 있었다. 술탄은 자신의 기반, 즉 지배 지역을 독자적으로 구축하여 그 지역의 군주로 자리 잡아나갔다.

제5장

십자군 운동과
몽골 제국의 시대

몽골 제국이 출현한 13세기, 유럽과 아시아는 전쟁으로 얼룩진 시대를 맞이한다. 십자군 전쟁도 이 시기에 일어났다. 그러는 한편 유럽은 이슬람 상인과의 교역을 통해 경제·문화의 발전을 이뤘다.

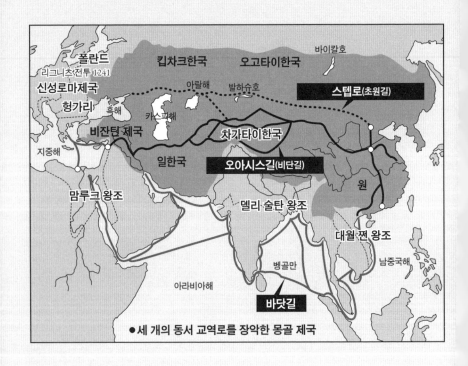

●세 개의 동서 교역로를 장악한 몽골 제국

1. 다양한 욕망으로 끓어오르는 십자군 운동

'우리의 영토'를 회복하자!! - 클레르몽 회의의 결의

1055년 부와이 왕조를 무너뜨린 셀주크 왕조(1038~1194)는 동로마(비잔틴) 제국을 압박하기 위해 소아시아로 쳐들어간다.

이와 동시에 성지 예루살렘도 점령했다. 동로마 제국이 이 위기를 돌파하기 위해서는 유럽의 힘을 빌리는 수밖에 없었다.

1095년, 프랑스 남부의 클레르몽에서 종교 회의(공의회)가 열렸다. 회의장에 모인 성직자들의 뜨거운 시선이 교황 우르바누스 2세에게 쏠렸다.

손바닥에 땀이 밴 것을 의식하고 천천히 고개를 든 교황은 하늘을 올려다보며 큰소리로 외쳤다. 그러고는 신의 말을 전했다.

신의 자손들이여, 신은 여러분에게 지금 당장 들고 일어서야 할 중대한 임무를 주셨습니다. 신은 크리스트교의 선봉자인 여러분에게 우리의 영토로부터 저 흉악한 민족을 뿌리째 뽑으라고 거듭 권고하십니다….

(수도사 푸셰 드 샤르트르의 기록에서 발췌)

십자군 운동(Crusades, 1096~1291)을 선동한 교황의 역사적 연설 가운데 일부다. 십자군이란 성지 예루살렘을 이슬람 세력으로부터 탈환하기 위해 조직된 크리스트교 군대이다. 여기서 '우리의 영토'는 성지 예루살렘을 말하며, 뿌리째 뽑아야 하는 '흉악한 민족'은 당연히 튀르크인의 셀주크 왕조를 가리킨다.

회장을 가득 메운 십자군 원정에 대한 기대감은 이윽고 뜨거운 열기로 바뀌었다. 사람들의 얼굴은 흥분으로 벌겋게 달아올랐다. 십자군 원정이 결정되는 순간이었다.

숲과 샘에 둘러싸인 빨간 모자들! - 대규모 개간 사업과 생산력의 향상

십자군 원정 시대, 유럽에서는 농업 생산력이 향상되었다. 농법 기술 혁신과 경작지 확대로 충분한 양의 농산물을 산출할 수 있게 되면서 서민들은 기아로부터 해방되었다. 커다란 철제 쟁기를 말이 끌게 하는 경작법도 이때 보급된 것이다.

무엇보다 12세기에 수도원 세력의 주도로 전개된 대규모 개간 사업은 농업 생산력 향상의 큰 요인이 되었다.

오래전 유럽은 숲으로 둘러싸인 세계였다. 숲속에 도시와 마을이 점점이 흩어져 있어 그 모습이 마치 바다 위의 외딴 섬처럼 보였다.

예로부터 나무 정령 숭배 사상이 깊숙이 스며들어 있던 게르만 사회에서 숲은 신이 깃든 경외로운 장소로 여겨졌다. 아마 많은 이들이 어린 시절에 〈빨간 모자〉, 〈잠자는 숲속의 미녀〉, 〈헨젤과 그레텔〉을 읽고 마음을 빼앗긴 적이 있을 것이다. 이 동화들은 공통으로 숲을 배경으로 하는데, 여기서 숲은 들어가기 어렵고 꺼려지는 공간으로 묘사된다.

숲과 유럽의 정신문화는 떼려야 뗄 수 없는 관계에 있다. 그러기에 삼림 벌채 등은 도저히 '있을 수 없는 일'이었다. 하지만 수도원 세력은 개간 운동이 신의 뜻이며 보다 나은 생활을 위해 필요하다고 주장하며 농업 개혁을 이끌어나갔다.

◉ 크리스마스트리의 기원! - 숲은 살아있다

게르만인은 나무의 생명력에 신비성을 느꼈다. 나무는 그들에게 땔감과 열매 등을 제공했다. 계절에 따라 변하는 숲은 생활의 원천이었다. 한편 고대 로마에는 매년 12월에 봄의 재생과 풍작을 기원하며 호랑가시나무를 꾸미는 풍습이 있었다. 이 두 문화가 합쳐지면서 17세기경부터 크리스마스에 트리를 장식하게 된 것이다.

도시의 공기가 자유를 만든다! - 농업 생산력 향상으로 발달한 상업 도시

농업 생산력 향상으로 농민들은 생각지도 못한 이득을 얻었다. 영주에게 지대를 바치고도 농작물이 남아도는 상황이 되었고, 잉여작물을 서로 교환하는 시장이 만들어졌다. 시장에는 생필품이나 농사 기구를 만드는 수공업자와 물건을 판매하는 상인이 출현했다.

이러한 경제 사정은 상업 도시를 발달시켰다. 농업 생산력 향상이 상업 도시의 발달을 촉진한 것이다. 그리고 상업망은 점차 유럽 전역으로 확산했다.

북이탈리아에서는 귀족과 상인이 자치 도시 건설 운동(코무네)을 펼쳤다. 12~13세기에 들어서자, 몇몇 강력한 도시가 주변 지역까지 점유한 뒤 타국의 상업권과 교역을 전개함으로써 거대한 도시 공화국으로 발돋움했다. 그 대표적인 도시로는 베네치아, 피렌체 등을 꼽을 수 있다.

북이탈리아 이외의 지역에서 도시는 왕과 제후, 교회 감리자인 주교의 지배 아래 있었다. 이 지배 세력을 영주라고 한다. 이러한 체제 속에서 경제력을 바탕으로 상업 도시가 발달하자, 영주로부터 특허장을 얻어 자치권을 확립한 도시가 등장했다.

13세기, 빈시가 받은 특허장에는 '도시의 공기가 자유를 만든다'라는 명언이 적혀 있었다. 여기서 자유란 영주에 대한 도시의 자치를 의미한다.

그 후 16세기경에 이르러 부유한 도시에는 사람들에게 시각을 알리기 위한 종루나 시계탑이 세워진다. 일출·일몰과 같은 태양의 움직임이나 교회의 예배 시각에 맞춘 이전의 시계와는 달랐다.

상업을 중심으로 한 도시 생활의 리듬과 스타일에 맞춘 시계로 바뀐 것이다. 이렇게 해서 '시간은 금이다.'라는 말처럼 경제 활동 중심의 사고가 사회를 이끌어나가게 되었다.

● **서유럽의 봉건 사회**

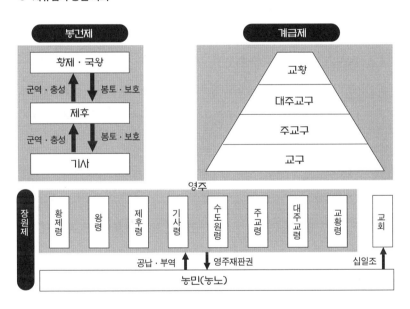

⊙ 신을 위한 시간에서 인간을 위한 시간으로

최초의 기계 시계는 1300년 전 유럽의 수도원에서 만들었다. 시계가 발명된 목적은 정해진 시각에 기도를 드리기 위함이었다. 다시 말해 시간은 신을 위한 것이었다. 도시 경제가 발전해가면서 시간은 신을 위한 것이 아니라 인간을 위한 것으로 바뀌었다. 16세기 이후가 되자, 15분 간격으로 경종을 울려 시각을 알리는 태엽 시계가 실용화되었다.

예루살렘으로 가자!! - 종교를 향한 끓어오르는 열정

농업 생산량 증대에 따라 대중들 사이에 종교를 향한 열정이 고조되었다. 생활이 풍요로워져 식량이 넘쳐나자 여행 붐도 일었다. 이에 따라 순례가 유행했다. 이베리아반도에서는 이슬람의 침략과 지배에 대항한 국토 재정복 운동(레콩키스타)이 진전되어 북부에서부터 가톨릭 세력권이 회복되어갔다.

이베리아반도 북부 산티아고 데 콤포스텔라(지금의 스페인 북서부)에는 예수의 제자 '성 야곱'의 묘가 있다고 알려져 있었다. 이곳과 로마, 예루살렘이 가톨릭의 '3대 순례지'로 꼽혔는데, 이 중 예루살렘만 손이 닿지 않는 이슬람 세력의 지배 아래 놓여있었다.

이러한 국제 정치 상황을 배경으로 동로마 황제가 로마 교황에게 십자군 원정을 요청했다. 앞에서 소개한 교황 우르바누스 2세의 연설은 이 요청에 응한 것이었다. 그리하여 바로 이듬해 제1차 십자군 원정이 시작되었다. 이 '원정'에는 유럽 측의 다양한 의도가 담겨있었다.

우선 로마 교황은 동로마 제국의 교회를 자신의 산하에 둠으로써 지중해 크리스트교권을 통합하고자 했고, 상인들은 이 원정을 통해 아시아의 동방 무역을 독점하고자 했다. 또 왕후나 기사들은 동방의 영토(해외 식민지)를 손에 넣을 수 있으리라 기대했다.

이런 통속적 상념이 소용돌이치는 가운데 "성지 예루살렘을 되찾아라!"라는 환성이 유럽 전역에 울려 퍼졌다. 예루살렘 순례에 대한 대중의 열망이 십자군 원정에 불을 지핀 것이다.

2. 신성한 존 왕이 몽골에서 왔다?

십자군이 동로마 제국을 점령하다니!! - 십자군 원정의 진실

열광 속에서 막을 연 십자군 원정은 약 200년간 일곱 차례에 걸쳐 전개되었다. 제1차 십자군(1096~1099)은 성지 탈환이란 목적을 달성하고 예루살렘 왕국을 건설했다. 동방 영토 획득에 성공한 것이다. 십자군 시대, 유럽에서는 교황권 절정기를 이룩한 인노켄티우스 3세(재위 1198~1216)가 등장한다. 그는 영국과 프랑스의 국왕을 파문하고 신성로마 황제 선거에 간섭하는 등 세속의 권력자들을 거침없이 제압해나갔다.

그런 만큼 '교황은 태양이며 황제는 달이다.'라는 그의 말에는 무게감이 있었다. 이는 교황의 지위를 빛의 밝기에 빗대 자신의 권위를 과시한 말이었다.

인노켄티우스 3세의 촉구로 베네치아 공화국을 중심으로 한 제4

차 십자군 원정(1202~1204)이 이뤄졌다. 그런데 이 십자군이 동로마 제국의 수도 콘스탄티노플을 점령한 뒤 '라틴 제국'(1204~1261)을 선언한 것이다. 이후 십자군은 약 반세기에 걸쳐 이 지역을 지배했다.

십자군의 정신에서 완전히 벗어난 이 원정에는 자금을 제공한 베네치아의 의도가 노골적으로 반영되어 있었다. 실크로드의 창구이자 유럽 각국, 러시아와의 교역 거점이기도 한 콘스탄티노플은 상인이라면 반드시 탐낼 만한 최고의 도시였다.

제4차 십자군 원정은 상업 경제의 중심 세력이 교황의 권위를 넘어서는 시대적 흐름을 보여준다. 이는 향후 동향을 볼 때 꼭 기억해둬야 할 중대한 국면이다.

신성한 왕 프레스터 존을 찾아라!! - 십자군과 몽골 탐색

제4차 십자군 원정이 많은 사람의 빈축을 사고 끝난 직후, 멀리 동방 세계에서는 이변이 일어났다. 1206년 몽골 통일에 성공한 칭기즈 칸이 황제로 선출된 것이다.

광대한 몽골 제국의 건설이 시작된 시기였다. 이 움직임이 유럽 세계에 전해지면서 다양한 억측과 소문이 퍼졌다. 그 가운데 가장 사람들의 관심을 끈 것은 '프레스터 존의 전설'이었다.

프레스터는 '성자'라는 뜻이다. 즉 '신성한 왕'(성 요한)이 동방 어딘가에 크리스트교 국가를 세웠는데 이 왕국이 몽골에 있을지도

모른다는 이야기였다.

제3~4차 십자군 원정으로 유럽은 열세와 혼란을 겪었다. 그런 사태 직후인 만큼 유럽 사람들은 몽골 제국의 출현을 자신들에게 유리하게 해석하려고 했다.

물론 이 전설은 전혀 신빙성이 없었다. 그런데도 당시에는 "신성한 왕 존을 찾아라! 성 요한의 나라는 어디인가!" 하고 터무니없는 망상이 일파만파 퍼져나갔다. 그런 가운데 13세기 중반 프랑스 왕 루이 9세(재위 1226~1270)가 수도사 루브룩을 동방 세계로 파견했다. 이슬람 세력에 대항하기 위해 몽골 제국과 손잡고 협공 작전을 펼치고자 한 것이다.

루이 9세는 쿠빌라이의 형이자 몽골 제국의 제4대 황제 몽케 칸에게 친서를 보냈다. 그러나 기대했던 '몽골 연합 십자군' 결성은 실패로 돌아갔다.

몽골 제국은 어디까지 진출했을까?! - 러시아, 유럽 원정

그렇다면 거대한 제국을 이룬 몽골군의 정복 활동은 어떠한 것이었을까? 이 정복 활동에는 상당한 근성이 필요했다. 그뿐 아니라 철저한 계획도 뒷받침되어야 했다. 세계 정복의 핵심은 실크로드를 제패하는 것이다. 오래전부터 다양한 세력이 흥망을 거듭하며 번영을 구가한 동서 교역로를 장악하는 것이었다. 요컨대 칭기즈 칸은 몽골인에 의한 세계 상업 제국의 건설을 구상했다.

칭기즈 칸의 손자 바투는 러시아를 제압하고 1241년에 리그니츠 전투에서 독일과 폴란드 연합군을 격파했다. 이로써 몽골 제국은 대부분의 유라시아 대륙을 통합하기에 이른다. 역사에서 유례를 찾아볼 수 없는 일이었다.

그리고 제5대 황제인 쿠빌라이 칸(재위 1260~1294) 치세에 전성기를 누렸다. 이 시기에 '잠치'라는 역참제도는 유라시아 교통망을 기반으로 세계 주유(周遊) 체제가 들어섰다.

1271년 베네치아 상인 마르코 폴로도 40km마다 설치된 잠치를 이용해 몽골까지 직통으로 갔다고 한다. 그 후 쿠빌라이 칸의 보호 아래 17년 동안 중국 각지를 돌며 견문을 넓혔다고 하는데 조금 이상한 점이 있다.

중국 명나라 때 송렴 등이 칙명에 의해 편찬한 ≪원사(元史)≫ 등의 역사서에 마르코 폴로에 관한 내용은 전혀 나오지 않는다. 쿠빌라이 칸은 정말 마르코 폴로와 만났을까? 아니, 애초에 마르코 폴로라는 인물 자체가 존재했을까? 알 수 없는 일이다.

13세기, 세계는 몽골 제국을 중심으로 국제 관계가 형성되면서 경제·문화 교류가 활발해졌다. 세계사에서는 이 시기를 '타타르의 평화'(몽골의 평화)라고 한다.

십자군이 상업과 문화를 육성했다?! - 12세기 르네상스 시대

유럽에서는 몽골을 '타타르'라 불렀다. 이 타타르가 세계 제국을 건설하던 시기, 서쪽 세계에서는 십자군 원정이 회를 거듭했고 무슬림 상업 네트워크(중국~동남아시아~인도~동아프리카)가 발달했다. 이 흐름에 따라 유럽과 이슬람 세계 사이에 경제 · 문화 교류가 진전되었다.

베네치아를 비롯한 북이탈리아 도시들은 향신료 · 비단과 같은 아시아의 사치품을 구하기 위해 왕성한 교역을 전개했다. 이를 동방 무역이라고 한다. 유럽의 소비와 상업을 자극한 이 동방 무역은 도시를 축으로 한 경제 교류를 활성화했다.

더불어 12세기에는 무슬림 상인이 유럽에 고대 그리스 · 로마 시대의 문헌을 소개했다. 그리스어 문헌, 아라비아어로 된 이슬람 과학 서적을 수출함과 동시에 이 책들을 라틴어로 번역해주는 부가 가치도 함께 제공했다.

12~13세기 시칠리아섬의 팔레르모, 스페인의 톨레도는 그야말로 라틴어 번역 센터라 할 수 있었다. 이와 같은 번역 활동이 없었다면 크리스트교의 신학 연구는 불가능했다 해도 지나친 말이 아니다. 이 시기를 대번역 시대라고 한다.

신학 · 과학 연구의 열기가 높아지자 대학(우니베르시타스)도 생겨났다. 대학의 기원은 교회나 수도원의 부속 연구 기관이다. 이 기관이 교수와 학생의 자치 운영기관으로 성장해나갔다.

농업 생산력 향상을 배경으로 화폐 · 상업 경제의 발전을 이룬 십자군 원정 시대. 이 시대에는 문화 교류도 활발해졌다. 유럽 전역에 걸쳐 사회, 경제, 문화에 밀어닥친 변화의 물결을 12세기 르네상스라 부른다.

⊙ 이 시기 유럽 도시의 규모는 어느 정도였을까?

중세 유럽의 도시는 인구와 면적 면에서 아시아의 도시보다 규모가
작았다. 15세기 유럽에는 약 3,000개의 도시가 있었다고 한다. 그 도
시 가운데 90% 이상은 인구가 천 명에도 못 미쳤다. 독일의 뤼베크가
2만 명을 넘어서는 정도였다. 인구가 5만 명 이상인 도시는 이탈리아
의 제노바, 피렌체 등이었고, 10만 명 이상인 도시는 파리, 베네치아,
콘스탄티노플 등 극소수에 지나지 않았다.

3. 뒤집히는 유럽 세계

단테의 추방과 〈로미오와 줄리엣〉의 비극! - 르네상스의 핵심

십자군 원정이 끝난 지 얼마 지나지 않았을 무렵의 일이다. 1302년, 한 남자가 피렌체 공화국에서 추방당했다. 행정 장관까지 역임했던 위대한 시인 단테였다.

그는 정권 다툼의 희생양이 되어 정치 무대를 떠난다. 이후 권력과 벽을 쌓고 각지를 방랑하며 인간으로서의 자신을 표출하는 작품을 썼다.

바로 지옥·연옥·천국이라는 세 가지 세계를 그린 〈신곡〉이다. 화자는 고대 로마 시대에서 되살아난 시인 베르길리우스다. 단테는 권위의 상징이었던 라틴어 대신 토스카나 지방의 이탈리아어로 작품을 썼다.

중세 유럽은 교회 중심의 사회였다. 그런 사회 분위기 속에서 문예라는 형식으로 개인의 존재를 증명함으로써 '르네상스(인간 부흥) 시대'의 포문을 연 것이다.

피렌체 대학의 교수 보카치오는 단테를 르네상스의 선구자라고 높이 평가했다. 보카치오 역시 14세기에 활동한 문학자였다. 그는 강의 과목으로 '단테 강좌'를 개설하고 인문주의라는 학문 분야를 정립했다.

인간을 중심으로 만물을 바라보기 시작하면서 개인이라는 존재가 수면 위로 드러났다. 개인이 인간으로서 살아갈 권리를 보장하고 이를 위한 환경을 정비하는 것. 르네상스는 근대 사회가 나아갈 방향을 제시했다. 이렇게 해서 르네상스의 물결이 밀려오리라 생각하던 그때였다…….

⊙ **〈로미오와 줄리엣〉은 왜 비극적인 사랑 이야기일까?**

〈로미오와 줄리엣〉은 셰익스피어의 비극 가운데 하나다. 이 작품의 주인공들은 서로 숙적인 가문에서 태어났다. 두 가문은 왜 대립한 것일까? 이는 양쪽 집안이 이탈리아의 적대적인 두 파벌—황제파(귀족 중심)인 기벨린당과 교황파(대상인 중심)인 겔프당—을 대변하기 때문이다. 이러한 이탈리아의 정세가 비극적인 사랑의 소재로 쓰인 것이다.

피부에 검은 반점이 나타나 죽었다!! - 페스트 유행과 14세기의 위기

1340년대 후반 페스트라는 전염병이 유럽을 휩쓸었다. 이 병은 감염되면 피부에 검은 반점이 나타나 죽기 때문에 '흑사병'이라고도 불렸다.

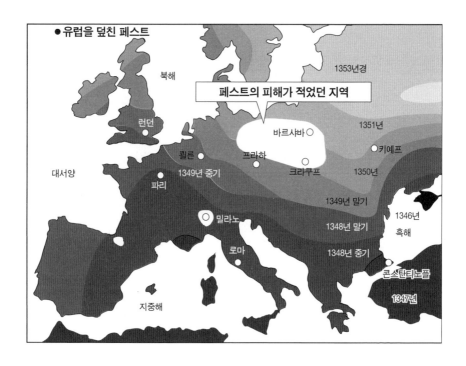

페스트가 동유럽 일부를 제외한 유럽 전역으로 확산하면서 당시 유럽 인구 1억 천만 명 가운데 3천만 명 이상이 죽었다.

사람들이 줄줄이 죽어 나가자, 왕과 제후 등의 영주는 근심에 빠졌다. 장원 사회의 존망이 걸린 문제였기 때문이다. 영주의 선택은 두 가지였다. 하나는 지금까지의 생활과 수익을 더는 기대하지 않고 검소하고 소박하게 살아가는 것. 또 하나는 생활 수준을 유지하기 위해 살아남은 농민들에게 부담을 가중하는 것이었다.

후자를 선택하면 어떻게 되는 것일까? 답은 간단하다. 농민 반란이 기다리고 있다. 14세기 후반 프랑스에서 자크리의 난, 영국에서 와트 타일러의 난이 일어난다.

반란은 진압되었으나, 사회적 혼란을 한층 더 가중하는 사태가 발생했다. 이교(1378~1417)라 불리는 교회 대분열이었다. 교황이 로마 이외의 아비뇽과 피사에도 존재하는 어처구니없는 상황이 되었다.

⊙ **와트 타일러의 난은 위험한 반란이다?**

영국에서 와트 타일러의 난이 일어나자, 사제 존 볼이 집회에 모인 농민들을 고무하기 위해 이런 격문을 띄웠다. "아담이 밭 갈고 이브가 길쌈하던 시절에는 대관절 누가 귀족이었단 말입니까!" 아담과 이브의 시대에 특권 신분 같은 것은 없었다는 의미로 중세(농노제) 사회의 신분제를 뿌리째 비판하는 말이었다.

왕이시여, 와인과 모직물은 재정을 살찌웁니다!! - 백년 전쟁의 원인

페스트가 유행한 14세기 중반, 영국과 프랑스는 영토 문제로 장기전에 돌입했다. 이 전쟁을 백년 전쟁(1339~1453)이라고 한다. 전쟁이 일어난 원인은 무엇이었을까?

십자군 원정 시대 프랑스 왕은 국내에 지배 영역을 넓혀나갔다. 그러나 아직 남서부에 영국의 거대한 영토가 남아있었다. 와인과 포도의 생산지로서 경제적 이권을 기대할 수 있는 기엔 지방이었다. 이 지방의 이름난 도시가 바로 보르도다.

또 프랑스의 북동 측에 영불 양국이 탐내는 곳이 있었으니, 라인 강이 흐르는 플랑드르 지방이었다.

이 지방에는 모직물 공업으로 번영했던 브뤼주라는 도시가 있었다. 이 도시 역시 막대한 이익을 가져다주리라 기대되는 곳이었다.

이러한 영토 분쟁의 불씨가 남아있던 1328년, 프랑스에서 갑자기 발루아 왕조가 성립했다. 건국 이래 이어져 내려온 카페 왕조의 혈통이 끊긴 것이다. 그러자 영국 국왕 에드워드 3세가 격렬히 항의하고 나섰다.

에드워드 3세는 모친이 카페 가문 출신이라는 사실을 근거로 '카페 왕조는 단절되지 않았다. 내게는 프랑스 왕위를 물려받을 권리가 있다!'라고 주장했다. 그의 주장이 실현되면 영국 왕이 프랑스 왕까지 겸하게 되는데, 이는 곧 강력한 왕국의 탄생을 의미하는 것이었다. 백년 전쟁은 프랑스 왕위 계승 문제를 둘러싸고 일어난 전쟁이었지만, 그 배경에는 경제적 요인이 가로놓여 있었다.

국가와 신에게 배신당해 버려진 구국의 소녀! - 백년 전쟁의 전개

전쟁이 빌어지자 프랑스는 본토에 상륙해 들어온 영국군의 공격으로 열세를 면치 못했다. 하지만 전쟁 막바지인 1429년, 오를레앙 공방전에서 승패가 갈렸다.

영국군에 포위된 프랑스군의 위태로운 상황을 뒤집은 것은 '구국의 소녀'라 불리는 잔 다르크였다. 그녀의 나이는 17세. 지금으로 치면 고등학생이다. 잔 다르크는 '오를레앙으로 가라'는 신의 계시에 따라, 프랑스 국왕 샤를 7세와 회견한 후 군대를 이끌고 오를레앙으로 향했다. 그리하여 열세에 놓인 프랑스군에 승리를 안겨주었다.

전쟁 결과, 프랑스 내의 영국령은 도버 해협에 접한 칼레시만 남게 되었다. 프랑스는 국토 대부분을 통일하고 왕에 의한 주권 국가 체제를 구축했다.

안타깝게도 영국군의 포로가 된 잔 다르크는 종교 재판에서 '이단'으로 몰려 화형을 당했다. 이때 그녀는 겨우 열아홉이었다. 프랑스는 잔 다르크를 구출하지 않았고, 신도 기적을 일으키지 않았다. 잔 다르크는 자신을 바친 국가와 신으로부터 버림받은 것이다.

페스트가 성서 신앙을 불러일으켰다?! - 14세기 종교 개혁의 물결

백년 전쟁 시대, 유럽 봉건 사회는 위기를 겪으며 완전히 뒤집힐 정도로 변화했다.

단테를 호평했던 보카치오는 소설 〈데카메론(열흘간의 이야기)〉을 썼다. 페스트가 유행한 14세기 중반을 배경으로 한 이 작품은 당대 사회의 모습을 알 수 있게 하는 사료로서도 가치가 높다. 페스트가 급속도로 퍼지자 사람들은 공포와 불안에 떨며 고통받았다. 이 때문에 신의 구원을 바라는 목소리가 높아졌다.

그런 가운데 주목받은 두 사람이 있었으니, 영국 옥스퍼드대학의 신학 교수 존 위클리프와 보헤미아 왕국(지금의 체코) 프라하대학의 신학 교수 얀 후스였다.

위클리프와 후스는 신의 구원이 로마 교황이나 교회 조직에 의해 이뤄지는 것이 아니라고 말했다. 오직 성서를 통해서만 신의 가르침을 알 수 있으므로 성서의 가르침을 믿고 따라야 한다고 주장했다. 이와 더불어 성서를 영어와 체코어로 번역했다.

그들이 주창한 '성서 신앙'론을 복음주의라고 한다. 요컨대 크리스트교는 개인의 신앙이지 로마 가톨릭교회의 독점물이 아니라는 생각이 바탕에 깔려 있었다. 16세기 루터에 의해 전면 전개된 종교 개혁의 거센 물결은 위클리프와 후스의 뜻을 이어받은 것이었다.

"성서라는 적에 맞서 싸워라!"! - 후스 전쟁과 15세기 십자군 원정

1415년 얀 후스가 화형당하자 보헤미아 왕국에서는 큰 동요가 일었다. 사실 이 사태에는 이권 문제도 얽혀 있었다. 당시 로마 가톨릭교회와 결탁한 대교회와 독일 제후들이 보헤미아의 영토를 지배하고 있었기 때문이다.

1419년 7월, 프라하 시청사 습격 사건이 일어나 프라하의 평의
원들이 제거되었다. 이듬해에는 로마 가톨릭교회와 수도원도 습격
당했다. 프라하는 완전히 아수라장이었다.

사태의 심각성을 인지한 로마 교황은 1420년에 '십자군' 파견을
결의하고 유럽 국가들에 보헤미아 왕국 진압을 명령했다. 성서 신
앙을 외치는 후스파 보헤미아 왕국을 위험한 적이라고 강조하며
전쟁을 부추긴 것이다.

보헤미아 왕국은 유럽 각국에서 파견된 대군을 상대로 용감히
저항했다. 후스의 신봉자들은 '우리야말로 신의 전사다!'라고 외쳤
다. 이와 같은 강인한 정신력과 어떠한 일이 있어도 자신들의 문화
와 영토를 지키겠다는 굳건한 의지가 그들을 승리로 이끌었다.

교황은 1420년부터 1431년까지 다섯 차례에 걸쳐 십자군을 파
견했으나 모두 실패로 끝났다. 1436년 로마 교황·신성로마 황제
측과 후스파 사이에 바젤 협약이 체결되었다. 이렇게 해서 보헤미
아 왕국에는 로마 가톨릭과 후스파가 양립하는 신앙 체제가 들어
섰다.

이후, 위클리프와 후스의 진리는 16세기에 유럽 전역으로 번지
는 종교 개혁의 불씨가 된다.

제6장

세계사와
주권 국가의 형성

콜럼버스 대항해는 세계화 시대를 열었다. 그 이전의 세계사는 지역사의 집합이라 할 수 있었다. 대항해 시대를 계기로 대륙·지역 사이가 연결되었고 지구를 단위로 한 세계사가 등장했다.

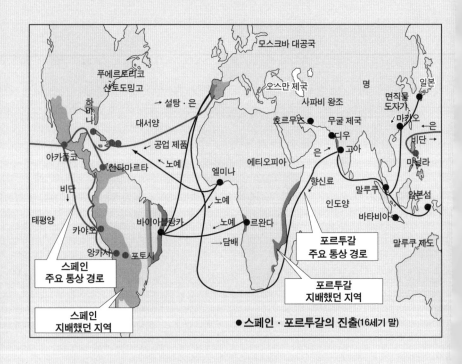

●스페인·포르투갈의 진출(16세기 말)

1. 미디어 혁명이 종교 개혁의 바람을 일으키다

구텐베르크가 사람들을 성서 신앙으로 이끌었다!! - 미디어 혁명의 도래

1509년 유럽에서 책 한 권이 인기를 끌었다. 제목은 《우신예찬》 저자는 네덜란드의 인문주의자 에라스뮈스였다. 독일의 신학자 마르틴 루터는 부패하고 타락한 로마 가톨릭교회를 통렬히 비판한 이 책에 격하게 공감했다.

이 무렵 또 하나의 중요한 움직임이 있었으니 바로 미디어 혁명이다. 독일의 구텐베르크(1400?~1468)가 활자 인쇄술을 발명하여 실용화하자, 인쇄물의 생산비 절감과 대중화가 실현되었다. 이에 따라 수많은 독자가 탄생했다.

혁신은 매우 체계적으로 전개되었다. 납·주석·안티몬으로 된 합금제 금속 활자가 고안되었고 활자의 규격이 통일되었다. 더불어 속건성 잉크가 개량되고 포도 압착기가 인쇄기로 전환되었으며 양면 인쇄 기술이 발달했다.

구텐베르크는 발명의 성과를 〈42행 성서(구텐베르크 성서)〉라는 인쇄물로 집약하여 널리 퍼뜨렸다. 새로운 인쇄 시스템이 구축됨에 따라 정보 사회가 도래한 것이다.

16세기 초 유럽에는 이미 1,000개에 달하는 인쇄 회사가 있었다. 이러한 사정은 종교 개혁과 르네상스에도 지대한 영향을 미쳤다.

에라스뮈스가 낳은 알을 루터가 부화시켰다!!

- 16세기 신성로마제국의 종교 개혁

처음에 신학자 루터는 에라스뮈스가 종교 개혁을 이끌어주리라 기대했다. 하지만 에라스뮈스는 개혁을 강행하면 교회와 개혁파가 전면 충돌해 유럽에서 종교 전쟁이 일어날 것이라며 이에 반대했다.

원래부터 에라스뮈스는 로마 가톨릭교회의 부패와 타락을 비판한 것이지 교회를 부정한 것은 아니었다. 오히려 그는 평생 경건한 가톨릭 신자로 살았다.

그렇다면 로마 교회의 '부패와 타락'의 실상은 어떠했을까? 당시 로마 교황은 산피에트로 대성당의 대대적인 보수를 진행하고 있었다. 그런데 교황이 그 수리비를 충당하기 위해 금전이나 재물을 바친 사람에게 그 죄를 면하는 면벌부라는 증서를 판매한 것이다.

1517년 루터는 비텐베르크 교회의 대문에 '95개 조 반박문'을 붙여 로마 가톨릭교회와 뚜렷한 대결 구도를 형성했다. 여기에는 '신의 구원은 면벌부를 통해 얻을 수 있는 것이 아니다. 오로지 성서의 가르침을 한결같이 믿음으로써 얻을 수 있다. 위클리프와 후스의 진리야말로 크리스트교의 진리다'라는 종교관이 담겨있었다.

루터의 활동이 주목받으면서 사태는 점점 악화했다. 종교 개혁이 권력 투쟁으로 연결되었고, 이로 인해 제국을 '가톨릭'과 '루터파'로 양분하는 내전이 벌어졌다.

1555년 두 파의 충돌은 아우크스부르크 화의로 매듭지어졌다. 그 결과, 루터파가 승인되어 독일 내 제후와 도시는 가톨릭이나 루터파 어느 쪽이든 선택할 수 있게 되었다. 루터파를 선택하면 로마 교회와는 연을 끊을 수 있었다. 에라스뮈스가 낳은 종교 개혁의 알을 루터가 부화한 것이다.

⊙ 루터의 성서 번역이 지니는 의의

루터도 위클리프와 마찬가지로 라틴어 성서를 자국의 언어인 독일어로 옮겼다. 이 성서가 독일 전역에 널리 퍼지면서 '표준 독일어'가 완성되어갔다. 이 때문에 루터는 '독일 국어' 형성에도 공헌했다고 평가한다.

상공업자들의 호응?! - 칼뱅파 형성

루터가 주목받았을 무렵 스위스의 제네바시에서도 종교 개혁이 시작되었다. 주창자는 프랑스에서 온 칼뱅이었다. 그는 인간의 구원은 신에 의해 미리 정해져 있다는 예정설을 펼치며 지지 기반을 다져나갔다.

칼뱅의 주장에 따르면 인간은 신의 구원을 얻을 때까지 신이 부여한 직업, 즉 천직에 힘써야 한다. 그는 근로가 신에게 성실히 기도하는 행위에 필적하는 것이라고도 했다. 이와 더불어 일상에서 근검한 생활을 장려했다.

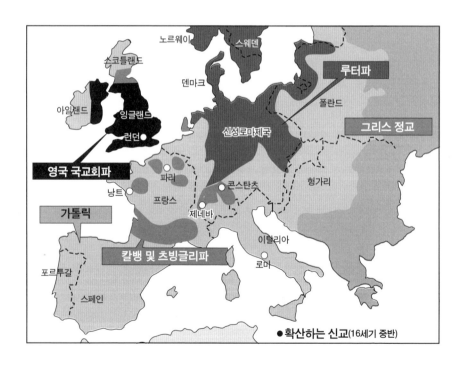

●확산하는 신교(16세기 중반)

이렇게 생활하면 돈이 쌓일 수밖에 없다. 칼뱅은 가톨릭 사회에서 죄악이라 여기는 부(富)가 근로와 절약의 결실, 다시 말해 신에게 복종한 결과라고 말했다.

이러한 사고관은 특히 상공업자들의 호응을 얻어 지역과 국경을 초월해 널리 퍼져나갔다. 이들을 칼뱅파라고 한다. 네덜란드에서는 고이센, 프랑스에서는 위그노, 영국에서는 청교도라 불렸다.

2. 콜럼버스의 비애와 코페르니쿠스적 전회

보아라, 저 대륙이 서인도다!! - 허상이 되어버린 '콜롬비아 대륙'

루터가 역사의 무대에 등장하기 십여 년 전, 서인도 항로 개척이라는 위업을 달성한 크리스토퍼 콜럼버스가 실의와 가난 속에서 숨을 거뒀다. 콜럼버스의 죽음과 루터의 화려한 데뷔. 빛과 그림자가 교체되는 역사의 극적인 한 장면이었다.

콜럼버스는 1492년, 스페인 여왕 이사벨의 지원을 받아 서쪽 항로로 인도에 도착했다. 그런데 피렌체 출신의 탐험가 아메리고 베스푸치가 이의를 제기하고 나섰다. 그는 콜럼버스가 발견한 땅으로 직접 출항하여 원주민, 지리, 생물 등을 조사한 뒤 그곳이 서인도가 아니라 '신대륙'임을 밝혔다.

이후 '서인도는 신대륙'이라는 아메리고의 주장이 인정되면서 신대륙에는 아메리고의 이름이 붙여졌다. '아메리카'라는 대륙 이름은 '아메리고'에서 유래한 것이다.

콜럼버스는 무덤 속에서 어떤 생각을 했을까? '콜롬비아'라는 신대륙의 이름은 신기루처럼 사라져버리고 말았다.

한편 포르투갈은 동쪽으로 돌아 인도로 가는 항로(동인도 항로)를 개척했다. 그리고 1498년, 바스쿠 다가마가 진짜 인도에 도착한다.

바스쿠 다가마는 금·은과 같은 가치를 지닌 후추를 갖고 돌아와 유럽과 인도 사이에 향신료 무역 루트를 확립했다. 유럽의 왕들이 앞다퉈 대항해 정책을 추진한 이유는 이 때문이었다.

북이탈리아가 동방 무역을 통해 무슬림 상인으로부터 사들이던 후추는 인도에서 무려 60배나 싸게 살 수 있었다. 가령 불고기 덮밥을 예로 들어 설명하자면 한 그릇에 6천 원인 불고기 덮밥을 백 원에 살 수 있다는 말이다. 백 원짜리 동전 하나로 맛있는 덮밥을 먹을 수 있다니 얼마나 이득인가!

한편 대항해는 상업 혁명을 불러일으켰다. 이로 인해 유럽 경제의 중심은 북이탈리아에서 이베리아반도의 대서양 연안으로 옮겨갔다.

⊙ 지구 구형설과 콜럼버스

콜럼버스는 피렌체의 지리학자 토스카넬리의 지구 구형설을 믿고 서쪽 항로로 인도를 향해 출항했다. 지구 구형설은 헬레니즘 시대에 에라토스테네스에 의해 제창된 바 있었다. 에라토스테네스는 지구 둘레

(자오선)를 산출하는 데에도 성공했지만, 그 성과는 로마 교회에 이단 시되어 묻히고 말았다.

인디오는 사람이고 흑인은 물건인가?! - 성직자 라스 카사스의 보고

콜럼버스 대항해 이후, 스페인은 카리브해에서 남북으로 뻗은 아메리카 대륙을 정복한다. 정복지는 멕시코에서 남미 대륙에까지 이르렀다. 포르투갈도 서둘러 브라질을 잠식해나갔다.

정복자들은 선주민 인디오들의 크리스트 교화를 조건으로 대농원·광산 경영을 맡았다. 이를 엥코미엔다 제도라고 한다. 엥코미엔다는 '위탁'이라는 뜻이다.

정복자의 지배 아래 인디오가 학대당하자 성직자 라스 카사스가 이를 비판했다. 그 결과, 스페인 본국은 선주민의 노예화를 금지하기에 이르렀다. 그런데 이번에는 인디오를 대체할 노동력으로 아프리카에서 흑인 노예가 대거 공급되었다.

특히 16세기 후반에 브라질에서 사탕수수 재배가 시작되자 노예의 공급 수는 급증했다. 또 17세기 후반 유럽에 차와 커피가 보급됨에 따라 카리브해에서 사탕수수뿐만 아니라 커피 원두를 재배하는 플랜테이션도 성행했는데, 이것이 노예 공급 체제를 강화하는 결과를 가져왔다.

인디오 학대를 맹렬히 비난했던 성직자 라스 카사스는 흑인의 노예화에 대해서는 아무런 발언도 하지 않았다. 흑인 노예화를 반대했다는 내용은 어떤 문서에서도 찾아볼 수 없다.

글로벌한 멕시코 은화! - 아메리카와 아시아 · 태평양의 결합

아메리카 대륙에서 은광이 발견되자, 16세기 후반 스페인은 멕시코에서 은화를 주조했다. 통칭 스페인 달러(훗날의 멕시코 달러)다. 영어의 달러(dollar)는 이 시대의 독일 은화 '탈러'가 잘못 전해져서 생긴 말이다.

그 후 멕시코 은화는 서해안의 항구 도시 아카풀코에서 태평양을 지나 필리핀까지 건너갔다. 마닐라 항구 도시가 탄생한 것은 이때였다. 이곳에서 멕시코 은화는 중국의 비단이나 도자기로 교환되었다. 이를 아카풀코 무역이라 한다.

아카풀코 무역으로 중국 사회에 은이 축적되면서 현물세와 부역 따위의 여러 세역(稅役)을 일조로 간편하게 하여 지세와 정세(인두세)를 은으로 거두는 일조편법(一條鞭法)이 도입되었다. 800년 만에 단행된 세제 개혁이었다. 그 정도로 은은 중국에 지대한 영향을 미쳤다. 멕시코 은화와 더불어 일본 은도 아시아와의 상거래에서 널리 사용되었다. 이처럼 은이 세계로 흘러 들어가면서 세계 경제는 하나로 연결되기 시작했다.

포르투갈이나 중국의 상인은 마닐라에서뿐만 아니라 일본 나가사키에서도 중국산 누에고치에서 뽑은 삶아서 익히지 않은 명주실인 생사(生糸)와 이 명주실로 짠 비단 직물 등을 팔았다. 일본의 상인도 붉은 인주가 찍힌 면허장인 주인장 면허를 가진 주인선 무역을 기반으로 활발한 해외 활동을 펼쳤다.

⊙ 네덜란드 동인도 회사(East India Company)와 주인선 무역

동인도 회사란 17세기 초 영국·프랑스·네덜란드 등이 자국에서 동양에 대한 무역권을 부여받아 동인도에 설립한 무역회사를 통칭한다. 암스테르담의 네덜란드 동인도 회사는 정부로부터 특허장을 받아 아시아 교역을 독점하고 전쟁 선포, 조약 체결, 요새 건설 등의 권한을 가졌다. 이른바 '움직이는 정부'였다.

일본의 주인선은 에도 막부로부터 해외 무역 허가증인 주인장을 받은 상선이었다. 일본의 상인은 은으로 생사를 대거 사들였다. 17세기 전반의 30년간, 바다를 건넌 주인선의 수는 알려진 것만 해도 356척에 달했다.

노예제나 농노제는 다 옛날이야기 아니야? - 근대 사회 시스템의 탄생

한편 아메리카 대륙의 은이 유럽에 대량으로 유입되자 가격 혁명이라 불리는 물가 등귀 현상이 일어났다. 초인플레이션이 닥친 것이다. 그 영향으로 땅을 빌려주고 지대를 화폐로 받는 화폐지대 제도에 의존해 농민들을 지배해왔던 영주들은 생활고에 시달리게 되었다.

그러나 한편으로 은의 유입은 정체된 경제에 활기를 불어넣었다. 특히 네덜란드 공화국(지금의 벨기에, 네덜란드)과 영국이 크게 성장했다. 아메리카 대륙의 식민지 경영으로 새로운 모직물 시장을 손에 넣었기 때문이다.

이를 계기로 영국의 농촌 지역에서는 모직물 생산을 위한 매뉴팩처(공장제 수공업)가 탄생했다. 직공들이 분업과 협업으로 모직물 제품을 만들어내는 시스템이었다.

서유럽은 아메리카 대륙으로 모직물과 사치품을 수출했다. 물론 아프리카에서 수송된 '흑인 노예'도 상품처럼 팔려나갔다.

그리고 아메리카 대륙에서 생산된 수많은 농작물이 유럽에 소개되었다. 그중에서도 안데스산맥이 원산지인 감자가 인기를 끌었다. 감자는 아일랜드나 발트해 연안의 프로이센에서 재배하기 적합한 작물이었다.

'번영의 16세기'라 불린 서유럽에서는 이 무렵 인구가 급증하여 식량 부족 문제가 대두했다. 그 대응책 가운데 하나가 동유럽 사회에 형성된 구츠헤어샤프트(농장 영주제)였다. 구츠헤어샤프트란 대농장 경영으로 얻은 곡물을 서유럽에 공급하는 체제이다.

지주들이 농업에 필요한 다량의 노동력을 확보하기 위해 농민의 이주를 금하고 그들을 자신의 토지에 묶어두면서 농노제가 다시 고개를 들었다.

이렇게 해서 감자를 비롯한 많은 양의 곡물이 서유럽 시장에 제공되었다. 아시아무역을 통해 이룬 서유럽의 번영은 사실 아프리카, 아메리카, 동유럽·러시아 세계와 연결됨으로써 가능한 일이었다.

식탁 위에 세계사가 보인다? - 세계화의 성립

아메리카에서 전개된 노예제와 동유럽·러시아의 농노제가 근대화하는 서유럽 사회의 경제를 지탱했다는 사실은 무척 흥미롭다. 고대 지중해 세계와 중세 유럽 사회의 노동 형태가 되살아나 근대 사회를 떠받치는 역할을 한 것이다.

서유럽과의 교역 상대는 아시아·아메리카·아프리카로 점차 넓어졌다. 그리하여 경제 국제화가 진전되자 1600년에는 영국, 1602년에는 네덜란드에서 동인도회사(東印度會社)라 불리는 해외 무역 사업 추진 조직이 설립된다.

이렇게 해서 세계의 일체화, 즉 세계화가 진행되었다. 16세기는 세계사 성립의 중대한 전환기였다.

어느 식탁 위의 모습을 상상해보자. 실크 냅킨이 보이고 그 옆에는 사탕수수를 원료로 한 럼주가 있다. 주요리는 향신료를 듬뿍 사용한 고기, 곁들인 음식은 감자와 옥수수다. 이들 음식은 중국산 도자기에 담겨있다. 설탕에 조린 과자도 보인다. 치명적인 단맛의 설탕은 흑인 노예가 피땀 흘려 일군 산물이다. 식탁 위에는 세계사가 펼쳐져 있다.

지동설을 둘러싼 논쟁이 근대화를 불러왔다! - 합리주의의 시련

근대화를 촉진한 것은 국제 교역뿐만이 아니었다. 이 시기에 발달한 합리적 정신 또한 근대 사회의 문을 여는 열쇠였다. 그런 의미에서 루터의 종교 개혁은 중대한 역할을 했다.

이 무렵 이웃 나라 폴란드에서 한 신학자의 죽음이 큰 관심을 불러 모았다. 그의 이름은 코페르니쿠스였다.

코페르니쿠스는 1543년 죽음을 맞이하기 직전에 지동설을 제창한 〈천체의 회전에 관하여〉를 출간했다. 그는 오전과 오후에 지상의 그림자 길이가 다르다는 사실에 흥미를 갖고 연구에 돌입했다.

지동설은 이미 헬레니즘 시대에 아리스타르코스에 의해 제창된 바 있었다. 그는 지구가 자전하면서 태양의 주위를 돈다고 주장했다.

1600년, 이탈리아에서 조르다노 브루노가 지동설을 주장하다가 처형당했다. 또 갈릴레오 갈릴레이가 망원경으로 천체를 관측하여 금성의 차고 기움을 지동설로 설명했으나, 이 때문에, 이단 심문 재판소에 끌려갔고 결국 곤경에서 벗어나기 위해 지동설을 철회했다.

지동설은 가치관 대전환의 상징이었다. 18세기의 철학자 칸트는 지금까지 자신이 주장해온 인식론을 전환하면서 사물에 대한 견해와 가치관이 180도 전환된다는 의미로 '코페르니쿠스적 전회(轉回)'라는 표현을 썼다. 천동설에서 지동설로 바뀌듯 가치관이 180도 바뀌는 것을 빗댄 말이었다.

가치관의 대전환은 정치에서도 뚜렷이 드러났는데, 그 가운데 하나가 주권 국가라는 근대적 국가 체제의 출현이었다.

그럼 이제부터 세계사에서 새롭게 등장한 이 주권 국가에 대해 알아보자.

3. 푸른 도나우강과 하얀 라인강의 싸움

스페인도, 벨기에도, 네덜란드도, 이탈리아도! - 합스부르크 왕조의 융성

1516년, 아메리카 대륙을 정복한 스페인에서 16세 소년이 국왕으로 즉위했다. 스페인의 새로운 출발을 알리는 순간이었다.

스페인은 백년 전쟁 이래 두각을 나타내기 시작한 프랑스를 경계하여 오스트리아와 혼인 관계를 맺었다. 이로써 합스부르크 왕조 스페인 왕국(1516~1700)이 탄생한다.

초대 국왕은 카를로스 1세(재위 1516~1556)였다. 그는 19세에 신성로마제국의 황제 자리에 올라, 카를 5세(재위 1519~1956)가 되었다. 스페인과 독일 두 나라의 군주를 겸하게 된 것이다. 그 결과 스페인 국왕이 프랑스를 동서에서 압박하는 형국이 되고 말았다.

이에 프랑스는 맹렬히 반발한다. 합스부르크가가 프랑스 포위망을 형성하리라 생각했기 때문이다.

　아나나 다를까, 합스부르크가는 스페인과 독일뿐만 아니라 라인 강 유역의 벨기에, 네덜란드를 비롯해 알프스 이남의 이탈리아까지 지배함으로써 프랑스를 에워쌌다.

　더불어 동유럽의 보헤미아, 헝가리 두 왕국도 합스부르크가의 수중에 들어갔다. 마치 유럽 전역이 합스부르크 제국의 세력권으로 흡수되어가는 듯 보였다.

루터가 일어설 때 이탈리아에 맞서라! - 이탈리아 전쟁과 주권 국가 체제

그때였다. 프랑스 왕 프랑스와 1세(재위 1515~1547)가 스페인 왕 카를로스 1세(카를 5세)에게 대항해왔다. 오스만 제국의 술레이만 1세와 동맹을 맺고 반(反)합스부르크 정책을 강력히 전개한 것이다. 그 무렵 독일에서는 루터의 종교 개혁이 일어나고 있었다.

프랑스와 1세는 이런 상황을 최대한 이용하여 카를로스 1세를 궁지에 몰아넣고자 이탈리아 전쟁(1521~1544)을 일으켰다.

전쟁은 최종적으로 프랑스가 이탈리아에서 철수함으로써 종결되었다. 하지만 전쟁으로 재정이 파탄에 이른 스페인의 카를로스 1세는 황제로서 전 유럽을 지배하려던 계획을 접어야 했다.

여기서 한 가지 흥미로운 사실이 있다. 종교적으로 보면 프랑스가 맞서 싸운 스페인과 독일은 프랑스와 같은 가톨릭 국가였고, 동맹국이었던 오스만 제국은 이슬람 국가였다. 심지어 로마 교황과 프로테스탄트 국가인 영국이 프랑스 측에 붙어 한패가 되었다. 십자군 원정 시대에는 도저히 상상조차 할 수 없었던 구도다. 이것이 국제 정치의 기묘한 점이라 할 수 있다.

이탈리아 전쟁을 일으킨 프랑스는 처음에 국제 사회의 비난을 면치 못했다. 하지만 이후 로마 교황과 영국, 이탈리아의 여러 도시가 '합스부르크가의 세력화를 막지 않으면 유럽은 머지않아 큰 혼란에 휩싸일 것'이라는 주장에 동조하면서 서로 협력 관계를 맺었다.

이 전쟁은 국제 정치에서 어느 한 국가가 특출나게 강해져서는 안 된다는 사실을 가르쳐줬다. 다시 말해 세력 균형이 바로잡혀야 한다는 의미였다.

이러한 흐름에 따라 주권 국가들은 서로의 영역과 국경을 인정하자는 국제적 합의에 도달하게 되었다.

템스강이 얼었다. 전쟁과 페스트로 얼룩진 17세기 - 주권 국가의 사상과 전쟁

17세기 유럽 국가들은 세력 균형이란 외교 원칙에 합의함으로써 국제 질서를 세우고자 했다. 그런 가운데 30년 전쟁(1618~1648)이 발발했다.

이 시대는 여러 악재가 한꺼번에 들이닥친 시기였다. 런던의 템스강이 얼 정도로 기후는 한랭화했고 페스트가 파상적으로 유행했으며 흉작도 잦았다. 이로 인해 인구 정체 현상이 일어났다. 한편으로는 전쟁이 끊이지 않아 '전쟁의 세기'라 일컬어질 정도였다.

17세기에 일어난 온갖 군사 충돌을 포함하면 전쟁이 없던 해는 단 4년에 불과했다. 전쟁 비용으로 국민은 무거운 세금에 시달렸고 각지에서 농민 봉기와 반란이 빈번히 일어났다.

이런 악순환이 되풀이된 이유는 무엇일까? 17세기는 주권 국가 체제가 형성되어가던 시기였다. 주권 국가 체제란 국가의 최고 권력인 주권이 각각의 국가에 있다는 생각에 기반하여 서로의 통치 영역을 인정하는 체제를 의미한다. 지금은 당연하게 여겨지는 사실이지만 당시에는 그렇지 않았다.

이 시대에는 오토 대관(962)으로 '서로마 제국의 계승자'가 된 신성로마제국이 유럽의 어느 지역이든 지배할 수 있다는 생각이 팽배해 있었다.

이런 상태를 바로잡고 국가 간의 경계를 명확히 정하고자 하는 움직임이 유럽에서 일어났다. 그러자 "이 지역은 우리가 가질래.", "무슨 소리! 그 영토는 우리 거라고!", "우리는 독립 국가가 되겠어." 하고 다양한 주장이 쏟아져나왔다.

합스부르크가의 지배하에서는 제후들이 자신의 주권 영역을 확보하기 위해 싸웠다. 네덜란드와 스위스의 독립전쟁도 주권 국가를 확립하기 위한 싸움이었다.

주권의 영역(본토, 해외 식민지) 확장을 둘러싼 전쟁도 벌어졌다. 그 가운데 하나가 영국·네덜란드 전쟁(1652~1674)이다. 이 전쟁으로 영국은 북아메리카 식민지인 네덜란드령 뉴암스테르담을 손에 넣었다. 이곳이 바로 지금의 뉴욕이다.

푸른 도나우강과 하얀 라인강이 부딪혔다! - 30년 전쟁의 시대

주권 국가 체제를 확립한 30년 전쟁에 대해 좀 더 살펴보자. 신성로마제국 내의 보헤미아 왕국은 15세기 이래 후스파를 인정해왔다. 그런데 1618년 황제가 강제적으로 가톨릭 개종을 요구하며 보헤미아 왕국을 탄압했고, 이것이 30년 전쟁의 방아쇠를 당겼다.

이 전쟁에는 서유럽뿐만 아니라 북유럽의 덴마크와 스웨덴도 참가했다. 유럽은 프랑스를 중심으로 '반합스부르크 대합창'의 양상을 드러냈다.

이는 푸른 도나우강이 가로지르는 오스트리아와 흰색을 대표색으로 하는 부르봉 왕조 프랑스의 대립 관계에 기반한 전쟁이었다. 1648년 베스트팔렌 조약이 체결됨으로써 30년 전쟁은 막을 내린다. 이 조약은 '신성로마제국의 사망 증명서'라고 불릴 만큼 가혹한 것이었다.

독일은 300개 이상의 신성로마제국의 제후국인 지방 국가 즉 영방국가(領邦國家)와 자유 도시로 이뤄진 연합국가로 전락했다. 영방국가는 제후의 세력에 따라 다르기는 해도 영국·프랑스와 마찬가지로 독일 내 하나의 왕국으로 자리 잡았다. 물론 외교권도 각각의 영방국가가 갖게 되었다. 황제는 제국의 의장에 불과한 신세가 되고 말았다. 또 칼뱅파가 승인되어 루터파, 가톨릭과 어깨를 나란히 했다.

역사의 대전환, 그야말로 코페르니쿠스적 전회(轉回)라 할 수 있었다. 이로써 이단시되었던 루터파와 칼뱅파도 로마 가톨릭교회와 동등해졌다.

신성로마제국은 사실상 '사망' 상태나 마찬가지였고, '서로마 제국의 부활'이라는 관념에서 해방된 서유럽 국제 체제가 탄생했다.

이렇게 해서 제국이라 부르는 거대한 국가가 유럽을 단독으로 지배하는 체제가 아니라, 수많은 주권 국가가 대등한 관계로 구성된 유럽 세계가 성립했다.

제7장

근대 시민 사회와
아시아의 전제 정치

18세기 말 자유, 평등, 재산권 보장을 제창한 프랑스 인권 선언과 나폴레옹 법전이 근대 사회의 정신을 전 세계에 퍼뜨렸다. 그 무렵 아시아에서는 황제를 정점으로 한 종교 문화 체제가 유지되었다.

● 나폴레옹 전성기 때의 유럽(1810~1812)

1. 세 여자의 페티코트 사이에서 일어난 소동

퓨리턴 국왕의 목이 잘려나가다 - 청교도 혁명과 의회 주권 체제

주권 국가는 국왕을 최고 권력자, 즉 주권자로 하는 체제에서 시작되었다. 이를 가리켜 군주 주권 체제라고 한다. 반면 국민이 주권을 행사하는 통치 형태를 국민 주권 체제라 부른다.

그렇다면 주권 국가는 어떻게 발전해왔을까? 백년 전쟁 이후, 국토 재정복 운동(레콩키스타)이 마무리된 스페인과 영국에서는 국왕을 주권자로 한 강력한 통치 체제가 완성되었다. 그 이전의 유럽 세계는 봉건제를 기반으로 했다.

봉건제 아래에서는 전국의 수많은 영주가 저마다 자신의 영지와 영민을 지배하고 있었다. 이러한 영주들의 통치권을 회수하고 박탈하여 국왕에게 집중시킨 것이 군주 주권 국가이다. 나라 안에서는 군주가 유일무이한 '절대' 권력자였다. 이 주권 국가 체제를 절대 왕정(군주 주권 체제)이라고 한다.

그러나 국가의 주권이 어디에 있어야 마땅한가에 대한 문제가 제기되면서 정치 권력을 의회로 이양해야 한다는 생각이 싹트기 시작했다. 이는 영국에서 청교도 혁명(1642~1649)으로 표출되었다.

크롬웰이 이끄는 의회파 군대가 왕권신수설로 나라를 통치하던 절대 왕정을 무너뜨린 것이다. 국왕의 처형으로 막을 내린 이 혁명은 그 구심점이 된 종교의 이름을 따 청교도 혁명이라 부른다.

크롬웰이 죽은 뒤, 왕정이 되살아났다. 그러나 1688년에 일어난 명예혁명으로 마침내 입헌 군주정이 확립되었다. 그 결과, '국왕은 군림하되 통치하지 않는다'는 말처럼 국왕의 권한이 행정과 분리됨으로써 의회제 민주주의가 실현되었다.

태양왕과 커피가 등장했다! - 17세기 말의 유럽 사정

청교도 혁명은 프랑스에서 프롱드의 난(1648)을 유발했다. 파리에서 일어난 이 반란은 왕권의 절대화에 반발한 귀족들의 저항이었다.

당시의 국왕은 '태양왕'이라 불린 루이 14세였다. 반란이 실패로 돌아가면서 프랑스는 절대 왕정의 절정기를 맞이한다. 북아메리카 대륙에 루이지애나 식민지를 건설한 것도 이 시기였다. 루이지애나(Louisiana)는 루이(Louis) 14세에서 유래한 지명이다.

같은 시기 러시아에서는 표트르 1세(대제)가 대외 정책에 착수한다. 세계가 해양 교역 시대를 맞이했음에도 러시아에는 1년 내내 이용할 수 있는 항구, 즉 부동항이 없었다. 이 때문에 부동항을 확보하기 위해 북유럽의 발트해와 오스만 제국의 아조프해로 세력을 뻗친 것이다.

1683년 오스만 제국은 군사를 이끌고 유럽으로 쳐들어갔다. 이를 제2차 빈 공방전이라고 한다. 이 전쟁을 계기로 유럽에 커피가 전해졌다.

빈에서는 커피를 마시는 다양한 방식이 궁리 되었는데, 비엔나 커피도 이때 탄생했다고 한다. 비엔나커피는 '빈풍의 커피'라는 의미다.

이슬람 의학의 아버지라 칭송받는 이븐 시나의 저서 ≪의학 전범≫에는 커피를 마시도록 장려하는 글이 실려 있다. 그런 걸 보면 커피는 건강에 좋은 듯하다.

계몽사상은 '거대한 카페'에서 시작되었다! - 근대 사회와 커피

커피가 대유행하면서 카리브해에 있는 프랑스령 생도밍그(지금의 아이티)에서는 커피 플랜테이션 재배가 발달했다.

18세기 초, 런던에는 3,000개에 달하는 커피하우스(카페)가 있었다. 그곳은 신분과 계층을 불문하고 다양한 사람이 모여 정보를 교환하는 장소였다.

그런 만큼 자유롭고 활달한 논쟁이 오갔고 신문사, 잡지사, 증권회사, 보험회사, 은행, 정당 등이 커피하우스에서 생겨났다.

영국에서 왕정이 부활한 17세기 후반, 국왕파와 반국왕파는 각자 선호하는 커피하우스에서 정책을 논의했다. 그런 가운데 정당이 만들어졌다. 이 정당은 훗날 트리당(보수당계)과 휘그당(자유당계)이 된다. 이렇듯 왁자지껄한 커피하우스에서 여론이 형성되고 시민 문화가 성장해나갔다. 프랑스에서도 마찬가지였다. ≪법의 정신≫에서 삼권 분립을 주장한 몽테스키외는 파리를 '거대한 카페'에 비유했다. 지붕을 나란히 한 프랑스의 커피하우스는 정치와 사회 문제를 논의하는 무대였다.

이 시기에 계몽사상이 널리 퍼졌다. 계몽사상은 이성을 중시하며 미신이나 도리에 맞지 않는 사회와 정치 제도를 날카롭게 비판했다. 이러한 논의 역시 카페에서 이뤄졌다. 논의가 뜨거워지면 흥분해서 상대방에게 커피를 들이붓는 이들도 있었다고 한다.

파리에서는 '르 프로코프'라는 야외 카페가 유명하다. 계몽 사상가 볼테르와 루소가 자주 들른 곳이라고 하는데, 이 두 사람은 서로 마음에 드는 자리에 앉으려고 다투곤 해서 의외로 사이가 좋지 않았다고 한다.

파리에 갈 기회가 있다면 이곳에 꼭 한번 들러 보길 바란다. 카페의 길고 좁다란 공간은 안으로 들어갈수록 넓어져 '과연, 계몽사상도 이런 거구나!' 하고 감탄하게 된다. 미국 독립 혁명과 프랑스 혁명의 사상은 이런 커피하우스에서 자라났다.

매력적인 퐁파두르 후작의 페티코트 - 18세기의 유럽 국제 정치

카페 문화가 융성한 18세기 중반, 신성로마제국에서는 오스트리아와 프로이센 두 왕국 사이에 대립이 격화되었다.

여제 마리아 테레지아의 가문 상속을 둘러싸고 오스트리아 계승전쟁(1740~1748)이 벌어진 것이다.

'여제' 상속에 맹렬히 반대한 세력은 바이에른, 작센, 프랑스, 스페인, 그리고 프로이센 국왕 프리드리히 2세였다. 반면 오스트리아를 지원한 나라는 영국뿐이었다.

전쟁 결과 마리아 테레지아는 가문 상속을 인정받았지만, 공업자원이 풍부한 슐레지엔 지방을 프로이센의 점령하에 그대로 둘 수밖에 없었다.

'프로이센이 더 강하다.' 마리아 테레지아는 마음속으로 이렇게 생각했을 것이다. 그리하여 프로이센보다 우위에 설 방안을 궁리했다.

우선 러시아의 여제 엘리자베타와 동맹을 맺고 프랑스 국왕 루이 15세의 애인 퐁파두르 후작과도 접촉했다. 후작의 알선으로 오랫동안 적대해온 프랑스와 역사적 화해를 꾀할 수 있었다. 이를 외교 혁명이라고 한다.

마리아 테레지아는 프로이센을 고립시키기 위해 자국에 유리한 국제 환경을 만들었다. 프리드리히 2세는 '세 자매의 페티코트 작전'에 넘어갔다며 분통을 터뜨렸다고 한다. 페티코트는 스커즈 밑에 받쳐 입는 여성용 속치마를 말한다.

⊙ 현모양처 마리아 테레지아와 외교 혁명

20세에 결혼한 마리아 테레지아는 23세에 합스부르크가를 물려받는다. 이에 대한 찬반 문제 때문에 오스트리아 계승 전쟁이 일어났으나, 결국 남편 프란츠 1세를 신성로마 황제 자리에 앉힘과 동시에 자신도 가문을 상속받는다. 자녀 16명을 두었고, 막내딸 마리 앙투아네트를 '외교 혁명의 증표'로 프랑스 루이 16세에게 시집 보냈다. 그녀는 '늘 신중해야 한다'는 조언과 함께 마리 앙투아네트를 배웅했다고 한다.

2. 대서양을 건너간 라파예트

보스턴 항구에서 '티파티(Tea Party)'라니 무슨 말이야?

- 미국 독립 혁명과 국제 정치

슐레지엔 영유권 문제로 오스트리아와 프로이센은 7년 전쟁 (1756~1763)에 돌입한다. 같은 시기, 프랑스는 북아메리카 식민지 지배를 둘러싸고 영국과 프렌치 · 인디언 전쟁(1755~1763)을 벌였다.

7년 전쟁에서는 프로이센이, 프렌치 · 인디언 전쟁에서는 영국이 승리했다. 양쪽 모두 '외교 혁명'에 참여한 국가들이 패배한 것이다. 그 결과 프랑스는 북미 대륙의 식민지를 모두 잃게 되었다.

영국은 전쟁으로 재정이 어려워지자 북미 식민지에서 징세를 강화했다. 그 대표적인 조치가 신문 · 잡지 등 모든 발행물에 세금을 매기는 인지 조례(1765)였다. 이를 계기로 본국과 북미 13개 식민지의 관계는 악화했다.

1773년, 아메리카 식민지에서의 차(茶) 판매권을 영국 동인도회사가 독점한다는 차 조례가 제정되었다. 그러자 식민지에서는 "동인도회사의 배를 습격해 차를 보스턴 항에 모조리 던져버리자!" 하고 외치며 차를 실은 선박을 집단으로 습격하는 사건이 일어났다. 이 사건을 주도한 집단을 가리켜 '티파티(Tea Party)'라고 한다.

1775년, 진압 부대를 출병시킨 영국과 식민지가 마침내 충돌했다. 미국 독립 전쟁(독립 혁명, 1775~1783)이 막을 연 것이다. 그리고 이듬해 인간에게는 '생명, 자유, 행복을 추구할 권리'가 있다고 정한 미국 독립 선언이 발표되었다.

유럽에서는 의용군이 대서양을 건너갔다. 그중에는 프랑스 혁명에서 활약한 군인 겸 정치가 라파예트의 모습도 있었다. 그의 나이 스무 살 때였다.

유럽 국가들은 아메리카의 독립을 응원했다. 식민지 획득과 무역 이익 증대 등으로 지나치게 강해진 영국이 국제 정치의 원칙인 세력 균형을 무너뜨렸다고 생각했기 때문이다. 미국이 독립을 달성할 수 있었던 배경에는 이런 사정이 있었다.

⊙ 인지 조례(印紙條例)와 민주주의의 정신

북미 13개 식민지가 1765년 영국 의회가 북아메리카 13개 식민지에

대하여, 증서, 신문, 광고, 달력 등의 인쇄물에 인지세를 부과하는 인지 조례에 반대한 이유는 계몽 사상가 패트릭 헨리의 명언 '대표 없이 과세 없다(No taxation without representative)'에 모두 담겨있다. 이는 식민지 대표 없이 본국의 회의에서 일방적으로 정한 조례에는 따를 수 없다는 의미였다. 결코, 과세 자체를 문제 삼은 것은 아니었다.

트리콜로르의 파랑과 빨강은 파리시, 하양은 부르봉가 - 프랑스 혁명의 시작

미국 독립 전쟁 이후 프랑스의 재정 형편은 말이 아니었다. 100년에 걸친 영국과의 식민지 전쟁, 루이 14세의 베르사유 궁전 건설, 절대 왕정의 유지비 등으로 돈을 탕진해버렸기 때문이다.

1789년 마침내 프랑스 혁명의 불길이 타올랐다. 문제 해결을 위해 175년 만에 삼부회가 열렸다. 그리고 제3신분인 평민의 대표들은 새로이 헌법 제정 국민 의회(국민 의회)를 발족했다.

국민 의회가 정식 의회로 승인됨에 따라 중세 이래 이어져 내려온 앙시앵 레짐(구제도)이 해체되었고, 프랑스 전 국민이 평등하게 살 수 있는 사회를 향해 나아가기 시작했다. 이러한 움직임을 국민주의(내셔널리즘)라고 한다. 트럼프에서도 신분제를 연상시키는 그림은 왕과 왕비를 제외하고는 모두 바뀌었다. 1793년에는 징병제가 제정됨으로써 국민 의식이 한층 더 높아졌다.

혁명은 처음에 입헌 왕정을 구상했다. 그런데 1791년 4월 국민 의회의 고삐를 쥐고 국왕을 안심시켜온 미라보가 죽자, 루이 16세가 패닉 상태에 빠져 프랑스를 탈출하려던 사건이 일어난다. 이를 바렌 도주 사건(1791년 6월)이라고 한다.

도주 계획은 실패로 돌아갔고 시민들은 왕에게 거센 비난을 퍼부었다.

프랑스 국기 트리콜로르(삼색기)는 파리 군대의 대표색인 파란색과 빨간색 사이에 부르봉가를 상징하는 하얀색을 끼워 넣어 입헌왕정의 이미지를 나타낸 것이었다. 1789년 라파예트가 국왕과 파리시의 관계를 수복하기 위해 이 국기를 고안해 냈다고 전해진다. 따라서 바렌 도주 사건은 혁명파와 국왕 간의 제휴를 무너뜨리는 행위나 다름없었다.

프랑스 혁명이라고 하면 대개 바스티유 감옥 습격 사건(1789년 7월 14일)을 먼저 떠올리는데, 사실 혁명의 시발점이 된 것은 국왕 도주 사건이라고 할 수 있다.

단두대에서 3만 명을 처형한 로베스피에르! - 공포 정치의 시대

외교 혁명의 맹우(盟友) 오스트리아와 프로이센은 바렌 도주 사건의 영향이 자국에 미칠 것을 우려하여 프랑스로 진격해 들어왔다. 이를 시발점으로 프랑스 혁명은 국제 전쟁으로 번졌다.

1792년 9월 20일, 의용군의 뛰어난 활약으로 프랑스는 첫 승리를 거뒀다. 의용군은 국경을 돌파해 쳐들어온 프로이센군을 발미 전투에서 무찔렀다. 이 전쟁을 직접 본 문호 괴테는 '오늘 이 자리에서 세계사의 새로운 시대가 열린다'라고 적어 남겼다.

'반혁명 세력의 중심'으로 몰린 루이 16세가 처형되자, 민중을 장악한 급진 공화주의가 정권을 잡게 되었다. 바로 자코뱅파의 산악파(몽타뉴파)였다. 지도자 로베스피에르에 의한 공포 정치(1793년 6월 ~1794년 7월)가 시작되면서 '반혁명'의 꼬리표를 단 사람들은 기요틴이라는 단두대의 이슬로 사라졌다. 왕비 마리 앙투아네트도 그중하나였다.

내 사전에 불가능이란 없다 - 나폴레옹의 등장

공포 정치가 막을 내린 후 나폴레옹 보나파르트가 등장한다. 1798년, 그는 영국령 인도에 대한 전략 거점을 확보하기 위해 이집트 원정에 나섰다.

이때 "프랑스 병사들이여, 피라미드 꼭대기에서 4천 년의 역사가 그대들을 내려다보고 있다." 말하며 병사들에게 용기를 북돋아 주었다고 한다. 나폴레옹은 뛰어난 언변으로 사람들의 마음을 사로잡는 능력이 있었다.

'내 사전에 불가능이란 없다.'라는 명언은 나폴레옹이 항상 입에 달고 다니던 '불가능이란 소심한 자의 환상이며 비겁한 자의 도피처다.'라는 말과 대구(對句)를 이룬다.

1800년 프랑스군이 오스트리아군을 격파한 제2차 이탈리아 원정으로 나폴레옹은 영웅이 되었다. 수석 궁정 화가 다비드가 그린 〈알프스를 넘는 나폴레옹〉은 이 원정을 소재로 한 것이다.

이 그림에는 흥미로운 점이 있다. 나폴레옹이 타고 있는 백마의 발밑을 유심히 보길 바란다. '한니발', '카를 대제'에 이어 알프스를 넘은 3번째 영웅으로서 '보나파르트'의 이름이 쓰여 있다.

1804년 황제로 즉위한 나폴레옹은 1806년에 신성로마제국을 해체한다. 그리고 이듬해 프로이센과 러시아를 격퇴한 후 '틸지트의 평화'를 수립했다. 틸지트는 프랑스에 항복한 프로이센과 조약을 체결한 곳이며, 평화란 나폴레옹의 유럽 대륙 제패를 의미했다.

프랑스 혁명 전쟁이 대륙 제패 전쟁으로 바뀐 이유는? - 유럽 제국의 성립

황제 나폴레옹 1세가 유럽 대륙을 제패한 이유는 무엇일까? 나폴레옹의 정책을 살펴보면 그가 무엇을 지향했는지 알 수 있다.

나폴레옹은 1800년에 프랑스 은행을 설립했고, 1804년에 그 유명한 나폴레옹 법전(프랑스 민법전)을 제정했다. 법전에는 계약의 자유와 사유 재산의 절대성이 규정되어 있다. 이러한 정책은 프랑스의 산업을 육성하기 위한 사전 준비였다고 할 수 있다.

그리고 1806년, 나폴레옹은 프로이센의 수도 베를린을 점령한 뒤 대륙 봉쇄령(베를린 칙령)을 내렸다. 산업 혁명이 한창이던 영국과 대륙 간의 통상을 막으려는 목적이었다. 영국에 경제적 타격을 입히고 대륙에서 영국 상품을 몰아냄으로써 유럽을 프랑스의 산업 시장으로 삼고자 한 것이다.

물론 영국도 잠자코 있지만은 않았다. 대륙 봉쇄령에 화가 난 영국은 해군을 파견하여 대륙과 교역하는 프랑스 선박을 나포했다. 이를 역봉쇄라고 한다. 이와 동시에 밀무역을 전개하고 남아메리카 대륙 시장을 개발해나갔다.

한편 프랑스는 영국을 대신할 정도의 공업력을 키우지 못했을 뿐 아니라, 사탕수수 등을 재배하는 식민지 플랜테이션도 흉작이었던 탓에 바라던 결과를 얻지 못했다. 심지어 영국과 교역하던 대륙의 여러 나라는 경제가 악화했다. 이로 인해 유럽에서는 반(反)나폴레옹 감정이 높아졌다.

나폴레옹이 세계를 팍스 아메리카나로 이끌었다? - 1812년의 러시아와 미국

1812년 6월, 나폴레옹은 러시아 원정을 개시했다. 러시아가 영국과 밀무역을 한 데 대한 응징이었다. 나폴레옹의 군대는 모스크바까지 공격해 들어갔으나, 러시아군의 거센 반격과 예년보다 일찍 찾아온 매서운 추위 동장군 때문에 그해 10월 퇴각을 결정한다.

1813년, 철수하는 나폴레옹의 군대를 기다리고 있던 것은 라이프치히 전투였다. 나폴레옹은 제국(諸國) 연합군에 격퇴당하여 1814년 파리에서 퇴위했다. 이로써 전무후무한 '대륙 제국'의 시대가 막을 내렸다.

1803년 프랑스로부터 할양　　영국령 캐나다　　1776년 독립 13주

1718년 영국으로부터 할양　　1783년 영국으로부터 할양

1846년 병합

1869년 대륙횡단철도

보스턴

뉴욕

샌프란시스코

워싱턴

시카고

태평양

대서양

루이지애나

1853년 멕시코로부터 매수

멕시코만

멕시코

1848년 멕시코로부터 할양

1845년 병합

1819년 스페인으로부터 매수

●팽창해가는 아메리카 합중국

　　대륙 봉쇄의 영향은 미국에서도 나타났다. 미·영 전쟁 (1812~1814)이 일어난 것이다. 영국이 대륙으로 다가가는 미국 선박을 향해 발포한 사건이 전쟁의 방아쇠를 당겼다. 유럽으로부터 공업 제품 등을 수입해오던 미국은 이 전쟁을 계기로 의존적인 경제 구조에서 탈피하여 자립 경제를 구축하는 방향으로 나아갔다.

　　그런 의미에서 미·영 전쟁은 미국의 '제2차 독립전쟁'으로도 불린다. 미국이 경제적 자립을 달성한 것은 1830년대에 시작된 산업 혁명 이후였다.

남북전쟁(1861~1865)이 끝나자, 미국에서는 남부의 면화를 북부에서 상품화하고 서부 개척으로 광대한 국내 시장을 형성한다는 구상 아래 공업 주도의 사회 체제가 확립되었다.

그리고 20세기 미국은 세계 최대의 경제 대국이 되어 국제 정치를 주도해 나간다. 팍스 아메리카나(미국에 의한 평화)라고 부르는 이러한 번영의 배경에는 공업화가 있었다. 요컨대 팍스 아메리카나의 출발점은 나폴레옹의 대륙 봉쇄령 선포였다고 할 수 있다.

러시아는 이전처럼 영국에 농작물을 수출하기 위해 나폴레옹 군대와 싸웠고, 미국은 미·영 전쟁을 통해 공업화로 나아가는 포문을 열게 되었다.

⊙ 음악가 하이든과 차이콥스키

나폴레옹 군대가 빈을 점령했을 때, 교향곡의 아버지라 불리는 오스트리아의 작곡가 하이든은 〈신이시여, 황제 프란츠를 지켜주소서(황제찬가)〉를 즐겨 연주했다고 한다. 또 우리에게 명곡 〈호두까기 인형〉, 〈백조의 호수〉로 친숙한 러시아의 작곡가 차이콥스키는 나폴레옹 군대를 무찌른 러시아를 찬양하며 곡을 만들었다. 곡명은 바로 〈1812년 서곡〉이다.

짐의 명예는 민법전과 국민주의의 전파에 있노라!

- 근대 시민 사회의 규범 성립

독일 문호 괴테는 근대의 발전에 지대한 영향을 미친 나폴레옹을 신과 다름없다고 칭송하며 '반신(半神)'이라 칭했다. 나폴레옹은 '프랑스 혁명의 정신을 전파한 유럽의 해방자'였으나 다른 한편으로는 강권 정치의 지도자, 여러 나라 국민의 저항을 받은 억압자로도 평가한다.

그러나 한 가지 명백한 사실은 나폴레옹의 군사 행동이 프랑스의 혁명 정신, 즉 국민주의와 자유주의의 정신 아래 봉건제와 절대주의를 깨부수고자 했다는 점이다. 이를 뒷받침하듯 19세기에 국민주의·자유주의 운동의 열기는 더욱 뜨겁게 달아올랐다. 더불어 나폴레옹이 전쟁을 통해 근대 시민 사회의 규범이 된 프랑스 민법전(나폴레옹 법전)을 '수출'했다는 사실도 매우 중요하다.

현대 법체계의 바탕이 된 민법전이 나폴레옹의 대륙 제패와 함께 유럽 전역에 확산한 것이다.

3. 문화의 다원성을 지닌 제국

유럽보다 백 년이나 앞선 대항해 - 명 왕조 중국의 한민족주의

구미 세계가 근대 사회를 향해 나아가고 있을 때, 아시아에서는 전혀 다른 문화권이 성립했다. 그 가운데 하나가 16세기 후반에 아카풀코 무역으로 구미 세계와 연결된 중국의 명 왕조(1368~1644)였다. 건국자는 몽골의 원왕조를 무너뜨림으로써 두각을 나타낸 홍건군의 주원장이었다.

명 왕조는 공자 이후의 유학을 쇄신한 주자학을 관학(官學)으로 삼았다. 흥미로운 점은 15세기 초 명 왕조가 유럽보다 먼저 대항해에 나섰다는 사실이다. 불연속적으로 일곱 차례에 걸쳐 진행된 정화의 남해원정(1405~1433)이다.

원정이라고 해서 꼭 출전을 의미하는 것은 아니다. 정화의 남해원정은 남해 여러 나라에 겉으로는 조공의 형식을 취하면서 실제로는 서로 물품을 매매하는 조공 무역을 촉구하는 목적을 지니고 있었다. 이때 사절로 발탁된 정화는 베이징 천도를 시행한 영락제(재위 1402~1424)의 환관이었다. 그는 이슬람교도였으며 신장이 180cm에 달하는 대장부였다고 한다.

남해란 동남아시아를 가리키지만, 원정대는 거기서 더 나아가 인도의 코지코드(후추 산지)에 이르렀다. 이는 포르투갈의 바스쿠 다 가마보다 앞선 행보였다. 게다가 페르시아만의 호르무즈(아랍 말의 산지)에도 도달했으며, 그 발자취는 멀리 아프리카까지 이어졌다.

원정에 참여한 마환이 쓴 ≪영애승람≫에는 이들이 동아프리카에서 기린 등도 실어 왔다고 적혀 있다. 이를 본 영락제는 몹시 놀라며 기뻐했다고 한다.

정화의 남해원정을 계기로 수십여 개국이 명나라에 조공했다. 당시 일본의 쇼군 아시카가 요시미쓰도 명나라에 조공을 바치고 영락제로부터 '일본 국왕 미나모토 도기'라는 칭호를 받았다.

지금의 중국 영토를 완성한 것은 청 왕조였다! - 만주족의 중국 정복 왕조

한족의 명 왕조를 이어받은 것은 만주족이 세운 청 왕조였다. 1644년 만주족은 만리장성을 넘어 베이징을 점령했다. 그리고 변발령을 내려 만주족의 풍습을 강요했다. 청 왕조를 일으킨 황제는 만주족 후금의 군주였다. 그는 1635년에 내몽골 차하르 부를 제압하고 몽골 황제 칸의 자리를 계승한 뒤, 이듬해에 국호를 대청으로 고쳤다. 나아가 베이징 점령 후 중국 전체를 지배함으로써 중화 제국의 황제로 거듭났다.

청 왕조는 변발을 강요하여 만주족이 중국을 지배하고 있다는 사실을 확인시켰다. 이와 동시에 정복당한 한민족이 치욕감과 불만을 해소할 수 있도록 회유책을 병행했다. 주자학을 관학으로 삼고 한자를 공용화했으며 명 왕조의 몇몇 제도를 계승했다.

이후 강희제 · 옹정제 · 건륭제 세 황제의 치세(1661~1795)는 '청의 평화'라고 부르는 황금기이다. 더불어 이 시기에 주변 이민족 지역에 대한 과감한 정복 활동을 전개하여 이들 지역을 간접 통치하는 '번부'로 삼았다.

청 왕조는 번부를 이번원이라는 감독 기관의 관리 아래 두고, 몽골의 왕후, 티베트의 지도자 달라이 라마, 위구르인(터키계) 유력자들에게 자치를 인정했다. 종교 문화에도 너그러워 불교, 라마교, 이슬람교 등이 보호받았다. 그러는 한편 류큐, 대월(지금의 베트남), 시암(지금의 태국), 버마(지금의 미얀마)와 영내의 한민족에 대해서는 주자학을 옹호하는 중화 황제로서 군림했다.

통치 정책 면에서는 기본적으로 민족 문화의 다원성을 인정하며 관용적인 태도를 보였다. 하지만 크리스트교의 포교는 18세기 옹정제 때 전면 금지되었다.

중국은 본래 만리장성 이남의 한(漢)민족 문화권이었다. 중국을 진(秦)나라의 '지나'(CHINA, CHINE)라고 부르는 이유도 이 때문이다. 그런데 청 왕조의 정복 전쟁으로 그 영역이 팽창했다. 오늘날 중국은 청나라 때 정복한 지역을 반환하거나 독립시키지 않은 채 중국령으로 삼고 있다. 한동안 뉴스에서 떠들썩하게 보도된 위구르, 티베트에서의 무력 충돌 사건은 여기서 비롯된 것이다.

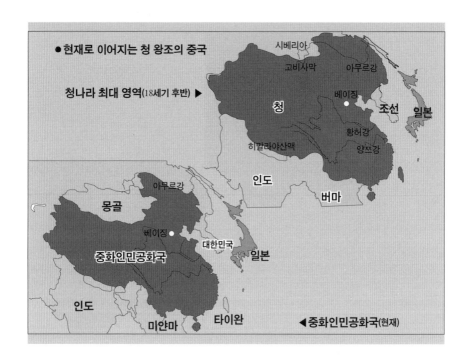

내가 바로 몽골 제국의 후예다! - 티무르 제국과 무굴 제국

1368년 원왕조가 멸망하자 이듬해 중앙아시아에서 자신을 칭기즈 칸의 후예라고 칭하는 인물이 '몽골 제국의 부흥'을 외치며 봉기했다. 그의 이름은 티무르(재위 1370~1405)였다. 이로써 티무르 제국 (1370~1507)이 건국된다. 티무르 제국은 옛 몽골 제국의 영토 복권을 꿈꾸며 차가타이한국, 오고타이한국, 일한국을 정복하고 킵차크 한국의 영토 일부를 빼앗았다.

나아가 오늘날 터키의 수도인 앙카라까지 침략할 정도로 기세가 등등했으나, 티무르가 죽은 후에는 원정을 그만두고 문화 정책에 힘을 기울였다. 제국의 수도 사마르칸트에 세워진 천문대가 유명하다.

왕국에 멸망의 그림자가 드리우기 시작한 16세기 초, 영내 서부에 있는 이란에서 사파비 왕조(1501~1736)가 탄생했다. 사파비 왕조는 시아파인 12이맘파를 국교로 한 이란 민족의 이슬람 왕조로 일한국(파키스탄·이란·이슬람 중심)의 옛 영토를 지배했다.

티무르 왕국이 멸망하자 '나는 티무르의 5대 후예다.'라고 주장하는 자가 아프가니스탄에서 북인도로 들어가 나라를 일으켰다. 그가 바로 무굴 제국(1526~1858)의 건국자 바부르다. 무굴 제국 역시 티무르 제국과 마찬가지로 '몽골 제국의 부흥'을 대의로 삼았다. 국명인 무굴은 북인도 언어로 '몽골'이라는 뜻이다.

그런데 외부에서 침입해온 소수 이슬람 세력이 다수파인 힌두교도 문화권을 어떻게 지배할 수 있었던 것일까? 그 지배 정책을 확립한 인물이 제3대 황제 아크바르 대제였다. 그는 이교도에 대한 지즈야(인두세)를 폐지하고 융화책을 펼쳤으며, 옛날부터 그 땅에 살던 지방 호족의 기득권, 즉 자민다르를 인정함으로써 안정적인 지배를 도모했다.

밀레트의 제국 - 무슬림과 이교도가 공존하는 제국

인도에서 무굴 제국이 탄생한 16세기, 서아시아에서는 오스만 제국(1299~1922)의 전성기를 이룬 황제 술레이만 1세(재위 1520~1566)가 등장한다. 무굴 제국과 오스만 제국은 모두 터키계 왕조다.

원래 터키계 민족이 살았던 곳은 몽골고원이었다. 6세기 중반에 출현한 돌궐이 '터키(Turkey)'의 어원이다. 그들은 실크로드를 따라 서진하여 중앙아시아에 거점을 획득한다. 10세기의 카라한 왕조, 11세기의 셀주크 왕조 등도 이 계열에 속한다.

술레이만 1세는 원정을 열세 차례 전개하여 아시아, 아프리카, 유럽에 걸친 제국 최대의 판도를 구축했다. 그 결과, 이슬람교도 이외의 지역도 제국으로 편입되었다. 그는 비무슬림 집단 사회에 대해 밀레트제라는 독자적인 법 제도를 적용하여 다스렸다. 요컨대 그리스 정교·아르메니아교 등의 크리스트교와 유대교를 받드는 이교도에게 종교별 지역 사회를 만들 수 있도록 했다.

또 능력 본위의 제도 아래 비무슬림도 관리로 채용하는 등 비무슬림을 무슬림과 동등하게 대우했다. '오스만의 평화'라고 불리는 황금기가 도래한 것이다.

⊙ 오스만 제국과 크루아상

1683년 제2차 빈 공방전의 실패를 계기로 오스만 제국은 쇠퇴기에
접어든다. 이때 빈의 제빵 조합은 적국 터키의 국가를 상징하는 국장
(國章)인 초승달과 닮은 빵을 만들어 승리를 축하했다. 그 빵이 바로
크루아상이다. 아시다시피 크루아상(croissant)은 프랑스어로 초승달이
라는 말이고 또한 초승달 모양으로 만든 작은 빵이다.

제8장

산업 혁명과
국민주의의 발전

현대 공업 사회의 출발점은 영국에서 시작된 산업 혁명이다. 산업 혁명이 진전되던 시기 프랑스 혁명이 일어났다. 이 두 혁명이 흐름을 같이하면서 자유주의와 민주주의의 초석이 마련되었다. 그리고 이는 국민국가의 토대가 되어 전 세계에 뿌리내렸다.

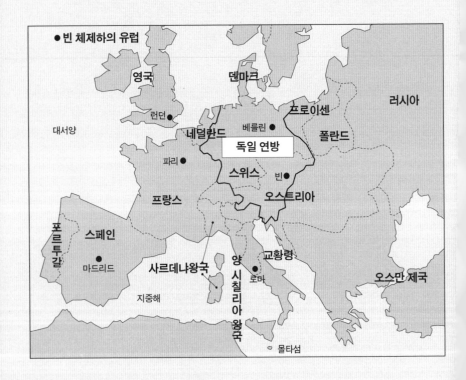

● 빈 체제하의 유럽

영국

덴마크

러시아

런던 ●

대서양

네덜란드

프로이센

베를린 ●

폴란드

독일 연방

파리 ●

스위스

빈 ●

프랑스

오스트리아

포르투갈

스페인

사르데냐왕국

양 시칠리아 왕국

교황령

로마 ●

오스만 제국

마드리드 ●

지중해

몰타섬

1. 그것은 마법 같은 면직물에서 시작되었다.

패배가 세계 제패의 출발점이었다? - 두 개의 동인도회사

오스만 제국의 머리 위에 쇠망의 그림자가 어른거릴 무렵, 네덜란드령 동인도회사의 활동은 세계 지도의 끝 '극동'에까지 미쳤다. 여기서 극동은 동아시아를 가리킨다.

네덜란드가 상업 패권을 확립한 시기는 17세기였다. 이때 영국은 새로운 시대로 나아가려고 했다.

1619년, 네덜란드는 자와섬의 바타비아(지금의 자카르타 북부)에 무역 거점을 건설한다. 이곳은 말루쿠 제도와 향신료 무역을 위한 거점이었다. '말루쿠의 후추'는 당시 유럽에서 최고급 브랜드로 여겨지며 절대적 지지를 얻고 있었다.

영국은 뒤늦게 이 향신료 무역에 뛰어들고자 했으나 실패한다.

말루쿠 제도의 암본섬에서 네덜란드에 격퇴당한 것이다. 이것이 1623년의 암보이나 사건이다. 이 때문에 영국은 '이류'로 취급받던 인도산 향신료를 수입하기 위해 인도로 눈을 돌릴 수밖에 없었다.

아이러니하게도 이는 영국이 새로운 공업의 발전을 이루고 세계 경제를 주도하는 출발점이 되었다. 어쩔 수 없이 향한 인도에서 영국은 '사리'라는 인도 민족의상에 매료되었다. 마치 마법에 걸린 것처럼 사리에 마음을 빼앗긴다. 영국 사람들이 끌린 것은 의상 그 자체가 아니라 부드러운 감촉의 원단이었다. 이 원단을 캘리코(면직물)라고 한다.

캘리코로 만든 의상은 유럽의 기후와 풍토에 꼭 맞았다. 여름옷도 겨울옷도 모직물밖에 몰랐던 유럽 사람들은 면제품에 열광했다. 면제품에 대한 압도적인 수요는 공장제 기계 공업을 발달시키고 자본주의의 확산을 부채질했다. 이런 점에서 암보이나 사건은 반드시 기억해둬야 할 근대사의 핵심 사건 가운데 하나라고 할 수 있다.

흑인 노예의 땀으로 면직물 공업을 일으키다 - 대서양 삼각 무역과 산업 혁명

영국은 18세기에 이르러 인도로부터 수입하던 면제품을 국내에서 자체 생산했다. 이와 동시에 대서양 노예무역으로 막대한 이익을 거뒀다.

그도 그럴 것이 흑인 노예 노동력의 수요가 가장 높았던 18세기에 아시엔토라는 노예 공급 계약을 독점하고, 100년에 걸쳐 달콤한 땀을 빨아 먹었기 때문이다. 영국은 이 무역으로 축적한 이익을 산업 혁명의 자금으로 돌렸다.

원래 영국에서는 17세기 이래 모직물 공업이 발달했다. 노동자들이 '하나의 상자(커다란 방)' 안에 일렬로 늘어앉아 분업과 협업으로 하나의 제품을 완성하는 생산 체제, 즉 매뉴팩처(공장제 수공업)가 번성했다.

이 생산 체제를 그대로 면직물 생산에 적용하면 면직물 공업이 완성될 것 같지만 그렇지 않았다. 영국에서는 원료인 목화를 재배할 수 없었기 때문이다. 그런데 북미 식민지 남부 지역의 기후 조건 등이 목화를 재배하기에 적합했고, 그 덕분에 영국은 면직물 공업을 일으킬 수 있었다.

이렇게 해서 북미에서 목화를 재배해 영국으로 실어나르는 체제가 구축되었다. 그러자 이번에는 목화에서 면사를 뽑아내는 방적기의 발명이 절실해졌다.

1779년 크럼프턴이 뮬 방적기를 발명했다. 뮬이란 말과 당나귀의 혼혈종, 즉 노새를 가리킨다. 요컨대 제니 방적기와 수력 방적기의 좋은 점을 뽑았다는 의미에서 붙여진 이름이었다.

1785년에는 카트라이트가 역직기를 발명하여 증기기관에 의한 면직물의 대량 생산이 가능해졌다. 그리고 원재료와 상품의 출입 거점인 항구 도시 리버풀의 배후지에 면직물 공업 지구가 유치되었다. 이곳이 맨체스터다.

증기기관을 이용한 대량 운송 수단, 기차와 기선!

- 산업 혁명에서 교통 · 운송 혁명으로

면직물 공업에서 시작된 기계화의 물결은 제철업, 그리고 동력에너지원을 생산하는 석탄 산업을 발전시켰다. 이로 인해 철도가 탄생한다.

1804년, 영국의 트레비식이 궤도(레일) 주행식 증기 기관차를 고안했다. 오늘날에는 지극히 일반적인, 레일 위를 달리는 기관차였다. 그는 이미 2년 전에 증기 자동차를 발명했으나, 이 자동차는 운전이 쉽지 않아 제어하기 어려웠다.

이러한 실험의 성과를 이어간 사람이 스티븐슨 부자였다. 그들은 1830년 로켓호를 완성하여 세계 최초로 철도 영업을 시작했다. 리버풀에서 맨체스터까지 이어진 이 철도의 길이는 약 45km였다.

그리하여 자유 무역주의를 배경으로 공업 도시와 영국 최대의 무역항이 연결되었다. 영국 경제에 번영을 가져다준 두 주요 도시가 철도로 이어진 것이다.

이보다 앞서 미국에서는 풀턴이 증기선(蒸氣船) 클러몬트호를 개발했다. 1807년 클러몬트호는 뉴욕과 올버니 사이를 운항했다. 사람들은 허드슨강을 호쾌하게 가로지르는 이 증기선의 모습에 압도되었다.

1819년에는 사바나호라는 새로운 증기선이 뉴욕을 출항해 영국

리버풀에 도착한다. 대서양 횡단에 성공한 순간이었다. 이로써 북미에서 영국으로 목화를 운송하는 강력한 체제가 구축되었다. 물론 영국에서 세계로 다량의 제품을 실어나르는 일도 가능해졌다.

눈부신 빅토리아 왕조 시대 - 제1차 만국박람회 개최

●'세계의 공장'이 된 영국

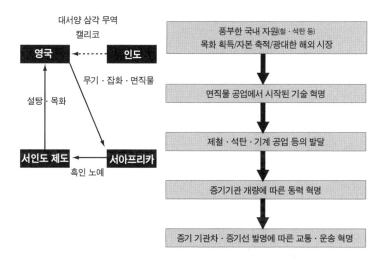

대서양 삼각 무역
캘리코

| 영국 | ←----- | 인도 |

무기 · 잡화 · 면직물

설탕 · 목화

| 서인도 제도 | ← | 서아프리카 |

흑인 노예

풍부한 국내 자원(철 · 석탄 등)
목화 획득/자본 축적/광대한 해외 시장

↓

면직물 공업에서 시작된 기술 혁명

↓

제철 · 석탄 · 기계 공업 등의 발달

↓

증기기관 개량에 따른 동력 혁명

↓

증기 기관차 · 증기선 발명에 따른 교통 · 운송 혁명

1851년, 전 세계의 번영을 한 손에 거머쥔 런던이 들썩였다. 세계 최초의 만국박람회가 개최된 것이다. 140일 동안 열린 이 축제에는 40여 개국이 참가했고 국내외에서 약 600만 명이 모여들었다.

빅토리아 여왕(재위 1837~1901)의 일기에는 '근사한 건물, 희귀한

나무와 화초들, 수많은 조각상, 분수, 그리고 음악. 지구상 모든 국가의 공업 기술이 한데 모인 〈평화의 축제〉'라고 적혀 있다. 행사와 볼거리도 넘쳐났다.

특히 사람들의 눈길을 끈 것은 4,500톤짜리 철골과 30만 장의 유리판으로 지어진 투명 건축물 수정궁전(Crystal Palace)이었다. 높이가 560m에 달하는 궁전 꼭대기에서 근대의 신은 놀라움에 입이 떡 벌어진 군중들을 내려다보고 있었을 것이다.

"만국박람회에 가고 싶어요!"

"목사님, 박람회장에 데려가 주세요!"

산업 혁명으로 만국박람회가 열리자 이번에는 단체여행이라는 레저가 발달했다. 오늘날의 단체여행은 만국박람회 투어에서 시작되었다.

이 계획을 실행한 사람은 목사였던 토머스 쿡이었다. 그는 저렴한 합승 마차나 야간열차로 서민들을 만국박람회 전시장까지 실어 날랐다.

이를 계기로 사치라 여겨지던 여행이 서민의 오락으로 자리 잡게 되었다. 쿡은 기획에 뛰어났다. 토머스 쿡사의 광고 포스터는 지금 봐도 마음이 동할 정도로 자극적이다. 그 광고 속에는 북극 여행, 해저 여행, 화산 견학 등이 다채롭게 그려져 있다.

쿡은 그 후 국내에서 성공을 거둔 저비용 단체 여행 사업을 해외로 확장했다. 1880년대에는 이집트 여행이나 인도 여행과 같이 영국 제국의 세력권을 대상으로 한 사업을 전개했다.

근대 사회에 드러나기 시작한 커다란 불균형 현상 - 공업화의 빛과 그림자

만국박람회는 산업 혁명이 진전되고 공업 사회가 도래하는 가운데 개최되었다. 이때 선보인 산업화의 성과는 놀랄만한 것이었다. 파리의 에펠탑도 1889년 '프랑스 혁명 100주년 기념'으로 열린 만국박람회 산물이다.

산업 혁명은 리버풀과 맨체스터, 버밍엄과 같은 상공업 도시를 성장시킴과 동시에 도시 인구 집중 현상을 초래했다. 이와 더불어 대도시는 스모그로 고통받았다. 영국의 희뿌연 하늘 아래에는 '두 개의 세계'가 존재했다.

한쪽은 눈부시게 찬란한 사교계였다. 그중에서도 런던의 무도회는 화려하기 그지없었다. 무도회장의 샹들리에 불빛이 한껏 치장한 아가씨들의 아름다움을 한층 더 돋보이게 했다.

다른 한쪽은 어둑어둑한 빈민가였다. 이곳의 아가씨들은 빈곤에 허덕이며 성냥 공장과 집을 오갔다. 한 정치가는 이러한 상황을 두고 영국에 '두 개의 국민'이 있다고 표현했다. 남자아이들도 방직기 앞이나 광산의 좁은 통로에서 혹사당했다. 이들의 값싼 임금은 가족의 중요한 수입원이었다.

빈곤의 악순환 속에서 어른들은 근심을 해소하기 위해 진이라는 독한 술을 찾았다. 어른들뿐만 아니었다. 밤새 잠 못 자고 우는 젖먹이에게도 진을 먹였다.

또 산업 배수와 가정 오수도 심각한 문제로 대두했다. 19세기 중반, 런던을 흐르는 템스강은 오염의 상징이 되었다. 오수가 내뿜는

악취로 수상 버스 회사는 문을 닫았고, 국회 의사당 안까지 냄새가 풍겨 회의가 중단되는 일도 비일비재했다. 오늘날의 환경 문제는 공업 사회가 성립하면서 본격화했다.

세계로 넓어지는 산업 혁명의 범위 - 팍스 브리타니카의 형성

영국이 생산 기계를 수출하면서 산업 혁명의 물결은 세계 각국으로 퍼져나갔다. 1830년대에는 벨기에와 프랑스에서 산업 혁명이 시작되었다. 물론 기계만 수입한다고 해서 순조롭게 전개되는 것은 아니었다.

프로이센은 경제 시장이 약했기 때문에 1834년에 독일 관세 동맹을 결성하여 경제 시장을 통일하고자 했다. 독일의 통일 과정은 이렇듯 산업 혁명에 따른 경제 시장 확보와 깊이 관련되어 있다.

아메리카 합중국은 미영 전쟁 이후 산업 혁명을 향해 나아갔다. 그리고 남북전쟁(1861~1865)을 거쳐 공업 주도형 사회 체제가 확립되었다.

일본과 러시아도 19세기 후반부터 국가의 주도 아래 공업화가 진전되었다. 일본은 청일 전쟁(1894~1895)으로 획득한 배상금을 제철업에 투자했다.

19세기는 영국을 정점으로 세계 자본주의 체제가 완성된 시기였다. 또 영국을 추종하는 선진 공업국 아래 아시아, 아프리카, 라틴 아메리카 국가들이 종속 지역으로 편입되었다.

팍스 브리타니카(영국에 의한 평화)라고 부르는 이 체제는 공업화와 자유 무역주의를 토대로 만들어졌다. 그리하여 공업 사회의 도래와 근대 자본주의의 성장은 국민국가의 발전을 촉진한다.

2. 국민주의 시대의 '여성'은 어떤 존재였을까?

국민 속 '여성'의 모습 - 여성론

'국민은 동일한 입법부에 의해 대표되며 공통의 법률 아래 살아가는 공동생활체다.' 프랑스 혁명 때 시에예스가 저술한 〈제3신분이란 무엇인가〉의 한 구절이다.

다시 말해, 국민이란 신분제의 비합리적인 체제를 벗어난 대등한 인간관계를 통칭하는 개념이라는 뜻이다. 이는 자유와 평등의 이념을 확립한 '인권 선언'(라파예트)에 바탕을 둔다.

그런데 여성 작가 올랭프 드 구주가 '인권 선언'에 여성이 포함되어 있지 않다는 점을 비판하고 나섰다. 확실히 인권 선언뿐만 아니라 그 시대의 사회 전체가 여성의 권리를 인정하지 않았다.

그렇다면 사회가 바라던 '여성상'은 어떤 것이었을까? 저명한 계몽 사상가 루소는 저서 ≪에밀(1762)≫에서 다음과 같이 언급했다.

'여성은 양성 불평등에 대해 불만을 품어시는 안 된다. 양성(兩性) 의 차이는 인간이 만든 것이 아니라 이성에 부합하는 자연법칙이 기 때문이다.'

그뿐 아니라 '남성을 기쁘게 하고 남성에게 유익한 존재가 되는 것, 그리고 남성에게 사랑받으며 가정생활을 즐겁게 유지하는 것' 이 '모든 시대 여성의 의무'라고도 말했다.

구주는 '인권 선언'의 조문에서 '사람'과 '시민'을 모두 '여성'과 '여성 시민'으로 고쳐 〈여성과 여성 시민의 권리 선언(1791)〉을 발 표했다.

이웃 나라 프랑스에서 일어난 혁명을 여성의 눈으로 바라본 영 국의 메리 울스턴크래프트는 〈여성의 권리 옹호(1792)〉를 써서 구 주를 지지했다.

시대가 바라던 여성상 - 나폴레옹 법전

국민주의를 세계에 널리 퍼뜨린 나폴레옹 법전은 근대 시민 사 회 제도의 원칙을 세웠다. 하지만 '여성'에 대해서는 어떠했을까?

나폴레옹 법전에서 '가족 제도'에 관한 내용을 살펴보자. 남편은 '가족을 통솔하는 주인'으로 '배우자의 재산과 행실을 모두 관리, 감독'하며, 아내는 '남편에게 복종'해야 한다고 적혀 있다.

이 시대의 가족 제도는 가부장권의 존중이라는 말로 모두 설명

된다. 이것이 국가 질서 안정을 위한 기초로 인식되면서 여성이 남편을 따르는 것은 당연하고 여성의 권한은 제한되었다.

'자애로운 마음으로 자식을 기르는 어머니', '고단한 남편을 격려하는 아내'. 시대가 요구한 이상적인 여성상은 바로 현모양처였다.

왕실은 이러한 이상의 광고탑이 되었다. 영국의 빅토리아 여왕은 국가 원수로서 군림하는 한편으로 사생활에서는 남편 앨버트 공에게 헌신하는 훌륭한 아내이자 아이들의 다정한 어머니라고 보도되었다. 기사가 게재된 시기는 1848년. 빈 체제를 붕괴에 이르게 한 '유럽 혁명'이 일어난 해였다. 따라서 이 기사는 가족의 질서 형성이 국가 평안의 중요한 요소임을 강조하는 것이라고 볼 수 있다.

하지만 국가와 사회에서 제시한 '좋은 아내, 좋은 어머니' 노선은 붕괴해갔다. 도리어 중류층 이상의 가정에 시집가서 전업주부가 되겠다고 인생을 설계하는 여성들이 늘어났다.

유한 마담, 백화점, 그리고 저임금 노동자 - 여성의 일자리

전업주부는 가사에 힘쓰기보다 남편의 사회적 지위나 경제력을 외부에 과시하는 데 열중했다. 지위와 부의 상징은 뭐니 뭐니 해도 '가사 도우미' 고용이었다.

이는 전업주부가 '유한 마담'으로 전락하는 계기를 마련했다.

전업주부가 가사를 하지 않는 상황이 된 것이다. 생활이 여유롭고 여가가 많았던 유한계급의 여성들은 안테나를 곤두세운 채 최신 패션을 뒤좇았다.

이 무렵 파리에는 세계 최초의 백화점인 봉 마르셰가 들어섰고, 런던에도 해러즈 백화점이 문을 열었다. 백화점은 슈퍼마켓과 달리 입구가 좁다. 그 문은 가슴 두근거리는 '비일상으로 통하는 문'이었다.

건물로 들어서면 양옆이 뻥 뚫린 계단이 한없이 위로 이어지고 고급스러운 장식이 사람들의 눈을 사로잡는다. 매혹적인 윈도 디스플레이와 번쩍번쩍 빛나는 상품도 호화스러운 분위기를 연출하는데 한몫한다. 게다가 함께 따라온 남편을 위한 대기 장소도 갖춰져 있다. 무료 카탈로그 송부를 통한 통신 판매가 이뤄지기도 했다.

갑자기 전업주부 이야기를 한 까닭은 눈여겨봐야 할 점이 있기 때문이다. 전업주부는 전체 여성의 수에 비하면 극히 일부에 불과했다. 그런데 이런 전업주부 주변에서 일자리를 얻는 여성이 매우 많았다.

빅토리아 왕조 시대(1837~1901)의 영국에서는 15~20세 여성의 세 명 중 한 명이 가사 도우미였다. 또 유행을 좋아하는 전업주부의 주문을 받아 봉제 노동을 하는 여성도 많았다. 이른바 재봉사였다. 그들은 저임금과 장시간 노동이란 악조건 속에서도 생계를 이어나가기 위해 일해야 했다.

이렇듯 공업 사회는 생산 체제뿐 아니라 소비 환경을 조성함으로써 부르주아적 '전업주부'를 양산해갔다.

● 여성의 모습을 바꾼 공업화

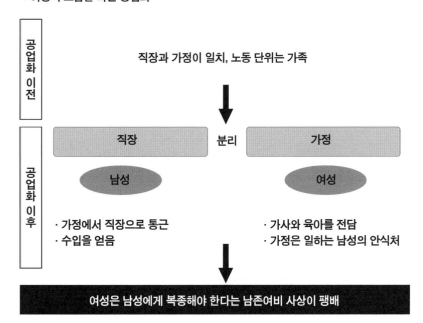

조르주 상드와 쇼팽 - 블루 스타킹 운동

1849년 프랑스에서 위대한 음악가 한 명이 숨을 거뒀다. 그의 이름은 프레데리크 쇼팽. 쇼팽은 폴란드 출신으로 스무 살에 조국을 떠났다. 1830년 11월 바르샤바를 떠나 파리로 향하던 길, 그는 독일 슈투트가르트에서 조국의 독립운동 소식을 들었다.

나폴레옹 전쟁 종결 후, 유럽에서는 국민주의 · 자유주의에 대항하는 빈 체제(1815~1848)가 성립했다. 오스트리아의 정치가 메테르니히를 축으로 한 국제 질서(신성 동맹)였다.

빈 체제 성립 시에 맺어진 합의협정을 빈 의정서(議定書)라고 한다. 이후 폴란드는 러시아의 지배하에 들어가게 되었다. 폴란드의 독립운동은 이 결정에 대한 분노의 표출이었으나, 이듬해 러시아군에 짓밟히고 말았다.

이때 쇼팽이 완성한 피아노 연습곡이 〈혁명〉이다. 러시아에 대한 분노와 고국의 비애를 2분 45초의 선율에 새긴 것이다.

국민주의를 추구한 쇼팽은 자신의 사상을 음악에 여실히 반영했다. 당시 파리에서는 자유주의 · 국민주의의 예술 운동, 즉 낭만주의가 유행했다. 낭만주의 시대의 총아라 불리는 화가 들라크루아는 쇼팽과 친분이 두터웠다. 루브르 미술관에 전시된 〈쇼팽의 초상(들라크루아 작)〉을 보면 그 관계를 짐작할 수 있다.

쇼팽은 화려한 사교생활을 좋아하는 여류작가 조르주 상드와 사랑에 빠진다. 이들은 서로 남녀의 존엄성을 인정하고 영향을 주고받았다. 조르주는 프랑스 혁명 하에 표출된 여성 해방 운동의 계승자로서 블루 스타킹 운동을 전개한다. 여성은 '남편에게 복종해야 한다'는 나폴레옹 법전의 내용을 부정하며 여성의 자립을 부르짖었다.

블루 스타킹은 남성 취향의 하얀 스타킹을 거부하고 자립을 상징하는 '파란 스타킹을 신자'는 의미에서 생겨난 명칭이다.

⊙ 쇼팽의 주머니 속

'피아노의 시인'이라 불린 쇼팽은 1830년 바르샤바를 떠난 이래 파리를 중심으로 활동했다. 그리고 파리에서 조르주 상드와 만나고 헤어졌다. 폴란드로 다시 돌아가는 일은 없었지만, 쇼팽은 항상 주머니 속에 고국에서 가져온 흙을 넣어 다녔다고 한다. 향년(享年) 39세, 그의 관 위에는 폴란드의 흙이 뿌려졌다.

3. 붕괴하는 빈 체제

불타오르는 국민주의 운동 - 지중해에서 대서양으로

'국민이란 무엇인가'라는 과제는 여성 이외에도 유대인과 흑인 노예에 관한 논쟁에 불을 붙였다. 또 식민지나 분열 상태에 있는 지역에서는 국민국가를 건설하기 위한 독립운동·통일운동이 활발해졌다.

1815년 빈, 프랑스 혁명과 같이 군주정을 부정하는 움직임에 맞서 크리스트교권 대동단결을 지향하는 협조체제가 완성되었다. 이를 빈 체제라고 한다.

유럽 각국의 대표가 참가한 빈 체제는 세력 균형의 원칙을 토대로 구축되었다. 스위스가 영구 중립국이 된 것도 이때의 일이다. 그런 가운데 라틴아메리카 국가 대부분이 스페인의 식민지라는 사실도 확인되었다.

그 후 1820년 스페인에서 "헌법과 의회를 보장하라!" 하고 외치는 목소리가 터져 나왔다. 스페인 입법 혁명(1820~1823)이 일어난 것이다. 혁명의 불꽃은 이탈리아반도의 통일운동과 그리스 독립운동으로 번졌다.

본국 스페인이 혁명으로 요동치자, 식민지 라틴아메리카에서는 이때가 기회라는 듯 여기저기서 독립운동이 일어났다. 크리오요(라틴아메리카 태생의 백인)의 대표 산마르틴이 라플라타 연방(지금의 아르헨티나)의 해방운동을, 시몬 볼리바르가 그란 콜롬비아(지금의 콜롬비아, 파나마, 베네수엘라, 에콰도르)의 독립운동을 지휘했다.

라틴아메리카 국가들은 영국 외무장관 캐닝이 주도한 외교 정책(1822)과 미국의 먼로주의(1823)의 지지를 얻어 독립에 성공한다. 영국이 빈 체제를 탈퇴하고 라틴아메리카의 독립을 지지한 이유는 이 지역을 새로운 상품 시장으로 삼고자 했기 때문이다.

한편, 스페인의 혁명은 현 체제를 부정하는 반란으로 간주하여 빈 체제에 제압당했고, 이탈리아의 혁명 운동도 실패로 끝났다. 유일하게 그리스만이 유럽 국가들의 계산이 작용하여 오스만 제국의 지배에서 벗어날 수 있었다.

⊙ 그리스 독립운동을 묘사한 화가 들라크루아의 출세작

화가 들라크루아는 〈키오스섬의 학살〉이라는 작품으로 화단에 선명하고 강렬한 인상을 남겼다. 이 작품에는 오스만 제국의 그리스 독립 운동 탄압을 통렬히 비판하는 주제 의식이 담겨있다. 그런데 비평가들은 예술에 세속적인 정치론을 도입했다고 혹평하며 '이 그림은 〈키오스섬의 학살〉이 아니라 〈회화의 학살〉이다.'라고 비꼬았다.

선거권을 원한다면 부자가 되시오 - 빈 체제의 붕괴와 〈공산당 선언〉

국민주의 · 자유주의의 물결은 해가 갈수록 거세졌다. 이는 산업 혁명이 파급되는 양상과 일치했다. 1848년 프랑스에서는 선거법 개정을 요구하는 개혁 연회가 금지되는 사건이 발생했다. 이 사건을 계기로 2월 혁명이 일어난다.

이때 반정부 활동의 발단이 된 것은 "선거권을 원한다면 부자가 되시오."라는 총리 기조의 실언이었다. 이에 분노한 실업자와 노동자는 파리 시민과 함께 튀일리궁을 습격했다. 프랑스에서 일어난 혁명은 라인강 너머 독일의 3월 혁명을 유발했다. 빈 체제의 중심 인물인 메테르니히는 영국으로 망명했고, 이로써 빈 체제는 붕괴한다.

다민족 국가인 오스트리아에서는 보헤미아와 헝가리를 중심으로 민족 운동이 고양되었다. 보헤미아에서 무기를 들고 일어난 체코의 대표 작곡가 스메타나는 그 후 지명수배자가 되어 망명 생활을 했다. 그는 여기저기 전전하며 생활을 이어가던 중 귀마저 들리지 않게 되었다. 그런 상황 속에서도 연작 교향시 〈나의 조국〉을 남겼다. 특히 제2번 '블타바'(몰다우)가 가장 유명하다. 이 곡은 보헤미아 민족의 정신적 표상으로서 지금까지도 꾸준히 사랑받고 있다.

1848년 4월 런던, 노동자 1만 명이 집회를 열어 참정권을 요구했다. 이를 차티스트 운동이라고 한다. 차티스트란 '인민헌장(People's Charter)'을 실현하기 위해 운동하는 사람이란 뜻이다. 하지만 런던 대집회가 실패로 끝나면서 노동 운동은 퇴조 경향을 띤다.

이런 가운데, 19세기 전반 영국에서 공장 경영자인 오언이 실업자 없는 사회를 만들기 위한 실험을 했다. 그는 미국으로도 건너가 이상적인 생산 공동 사회 '뉴하모니'의 건설을 시도했으나 원하던 결과는 얻지 못했다.

프랑스에서는 생시몽과 푸리에가 자본가에 의한 노동자 구제책과 협동 작업을 통해 사회적 평등을 추구해야 한다고 제창했다. 또 2월 혁명 이후 임시정부에 참가한 루이 오귀스트 블랑키는 국가에 의한 노동자 구제책을 도모했다.

한편 독일에서는 베를린 대학에서 공부한 마르크스가 막역한 친구인 엥겔스와 함께 〈공산당 선언(1848)〉을 집필했다. 이 책은 '전 세계 노동자여, 단결하라!'라며 혁명의 정신과 방법을 강조하는 구호로 끝맺는다.

사회주의에 대한 환상과 고투하는 공산주의자 - 사회주의와 공산주의

실업가에서 혁명 운동가·이론가로 전향한 엥겔스는 차티스트 운동에 기대를 걸었다. 인민헌장이 실현되면 노동자 정부(사회주의)

가 수립될 것으로 생각했기 때문이다.

당시 영국 인구의 대부분은 노동자였다. 따라서 남성 보통 선거제를 목표로 한 선거법 개정은 노동자 정부의 탄생을 의미했다.

이런 생각을 지녔던 엥겔스는 역사가로서도 매우 뛰어난 사람이었다. 게다가 빈곤 때문에 가족들을 제대로 부양할 수 없었던 친구 마르크스를 격려하며 생계를 뒷받침해줬다. 마르크스가 죽은 뒤그가 저술한 ≪자본론≫을 완성한 것도 엥겔스였다.

차티스트 운동은 국민 주권 국가로 나아가고자 한 움직임이었으나, 사회주의 운동이 보통 선거제와 의회 민주주의를 바라지 않았던 탓에 정당한 평가를 얻지 못했다.

그 결과, 사회주의는 폭력을 동반한 혁명으로 탄생하는 체제라는 인식이 생겼다. 노동자 정부의 수립 여부와 상관없이 '최대 다수의 최대 행복'을 추구하는 것이 정치의 철칙이 되었고, 이를 사회 계약으로 보장해야 한다고 여겼다. 그러는 한편, 사회주의 운동은 대립하고 분열하며 탁상공론을 재생산하기에 바빴다.

존 레넌도 고군분투하다 - 공산주의의 이미지

탁상공론을 강제로 실현하려는 움직임이 일어나면서 폭력과 혼란, 공포 정치가 횡행하게 되었다. 공산당 독재가 시작된 것이다. 당 조직 위에 극소수의 간부회가 설치되었고, 나아가 개인이 권력의 꼭대기에 서는 개인숭배 체제가 형성되었다. 이는 가장 비양심

적이고 몰개성적이며 반인간적인 사회였다.

사회주의를 표방하는 국가에서는 예외 없이 이러한 체제가 들어섰다. 20세기의 역사가 이 사실을 증명한다.

사회주의와 공산주의의 차이는 무엇일까? 이 둘을 구별하기란 쉽지 않다. 왜냐면 '이것이 공산주의다!'라고 할 수 있는 형태가 없기 때문이다. 역사에서 자본주의를 무너뜨리고 사회주의를 거쳐 공산주의에 도달한 나라는 존재하지 않는다.

보수가 노동에 따라 분배되면 사회주의이고, 보수가 필요에 따라 분배되면 공산주의라고 하는 주장도 있으나 선뜻 받아들이기 어렵다.

어쩌면 공산주의 사회란 노동자가 빈곤에서 해방되고 전쟁과 부의 편재가 없는 평등 사회, 심지어 종교도 존재하지 않는 사회가 아닐까. 암살당한 가수 존 레넌의 명곡 〈이매진(imagine)〉의 노랫말처럼.

물과 기름처럼 이뤄질 수 없는 러브스토리 - 사회주의와 제국주의

1845년 런던에서 ≪시빌(sybil)≫이라는 소설이 큰 인기를 누렸다. 이 소설은 귀족의 딸과 차티스트 운동가의 슬픈 사랑 이야기를 그리고 있다. 절대로 있을 수 없는, 아니 있어서는 안 될 '지상 최대의 비극'이었다.

≪시빌≫은 전통적 권위를 가진 귀족과 빈곤을 짊어진 노동자,

두 계급의 존재를 날카롭게 파헤친 작품이다. 작품 속 귀족과 노동자의 생활은 도저히 같은 국민이라고 생각할 수 없을 만큼 현격히 다르다.

저자는 이처럼 빈부 격차가 극심한 현실을 다루며 영국에 '두 개의 국민'이 있다고 지적했다. 이 책의 저자는 누구일까?

대영 제국 건설에 크게 이바지한 내각 총리대신(재위 1868, 1874~1880) 벤저민 디즈레일리(Benjamin Disraeli)이다. 그는 소설가에서 정치가로 전향한 문인이었다.

같은 해에 엥겔스는 노동자의 실태를 조사하여 〈영국 노동자 계급의 상태〉를 발표했다. 노동자들의 빈곤한 생활을 폭로한 역작이었다. 오늘날 엥겔스는 사회학 연구의 선구자라고 불린다.

이 책에는 사회주의를 실현함으로써 노동자를 빈곤으로부터 구제해야 한다는 생각이 반영되어 있다. 그렇다면 디즈레일리는 어떤 생각을 지니고 있었을까?

디즈레일리는 노동자에게 참정권을 부여하기 위해 힘쓴 정치가이기도 하다. 이러한 사실에 근거하여 볼 때, 그는 세계의 부를 독점하는 대영 제국을 이룩함으로써 노동자를 구제하고자 했음을 알 수 있다. 어쩌면 엥겔스와 디즈레일리가 관심을 기울인 문제, 즉 사상의 출발점은 같았을지도 모른다.

자, 이제 20세기로 들어가 보자. 사회주의 운동을 억누르면서 세계로 뻗어 나가던 제국주의는 아시아로 확산한 민족주의 운동과 부딪히게 된다.

제9장

제국주의와
세계 전쟁

산업 혁명과 함께 자유 무역주의가 신장하면서 구미 국가들을 중심으로 세계의 세력 분할이 진행되었다. 열강들의 욕망과 기대가 뒤엉킨 가운데 분할 문제는 러일 전쟁, 제1·2차 세계대전을 불러일으킨다.

1. 러·일 전쟁은 제국주의의 대리전쟁

수에즈 운하와 인도는 영국의 보물 - 팍스 브리타니카

1871년 독일 제국이 수립되자 유럽의 국제 정치는 혼란에 빠졌다. 독일의 통일은 유럽 내 세력 균형을 무너뜨리고 영국 총리 디즈레일리를 자극했다.

1872년 디즈레일리는 독일 제국에 대항하기 위해 '대영 제국을 이뤄야 한다'고 주장했다. 그러려면 영국과 인도 사이의 교역로 확보가 필수적이었다.

19세기 중반, '세계의 공장'이라 불린 영국은 팍스 브리타니카라는 체제를 구축함으로써 국제 사회를 이끌어나갔다. 이 번영은 거대한 시장인 식민지 인도와 본국 사이의 항로를 확보함으로써 보장받을 수 있었다.

하지만 여기에는 불안 요소가 존재했다. 다름 아닌 러시아의 남하 정책이었다. 러시아는 일 년 내내 이용 가능한 얼지 않는 항구, 즉 부동항(不凍港)을 얻기 위해 인도 루트인 지중해 동쪽 해안까지 남진해왔다.

이에 영국, 프랑스를 비롯한 몇몇 국가가 들고 일어나면서 크림 전쟁(1853~1856)이 발발했다. 흑해에서 지중해로의 진출을 꿈꿨던 러시아는 공업 생산력에서 앞선 서유럽 국가에 처참히 깨지고 만다.

1875년, 영국의 총리 디즈레일리는 이집트 정부로부터 수에즈 운하 회사의 주식을 매수하여 지중해 루트를 장악하고자 했다. 이 운하가 건설되면 유럽과 아시아 사이의 거리가 단번에 축소되기 때문이었다.

또 이 시기에 빅토리아 여왕을 초대 황제로 한 영국령 인도 제국 (1877~1947)이 성립했다. 1882년에는 수에즈 운하의 요충지인 이집트를 단독 점령했고, 이로써 마침내 인도와 인도로 통하는 길(지중해 루트)이 영국의 수중에 들어왔다.

아시아 세계는 어떻게 되었을까? - 중국의 조공 · 책봉 체제와 오스만 제국

아시아로 향하는 길로서 주목받은 지중해 동쪽 지역은 오스만 제국령이었다. 오스만 제국은 유럽 세력의 개입과 러시아의 남하 정책에 대항하고자 근대화 방안을 모색했다.

1867년, 신오스만인 운동이 정부의 정책에 변화를 가져왔다. 종교·문화에 상관없이 오스만 제국의 국민이라면 모두 평등해야 한다는 목소리가 높아진 것이다.

이 운동의 지도자인 미드하트 파샤는 재상으로 발탁되어 1876년 아시아 최초의 헌법을 제정했다. 이 헌법은 그의 이름을 따서 미드하트 헌법이라 불린다. 하지만 이듬해 러시아와 오스만 제국 사이에 일어난 전쟁을 구실로 헌법은 폐지되고 말았다.

이 무렵 중국의 상황은 어떠했을까? 동아시아에서는 명나라 이래 중화 체제(조공·책봉 체제)가 구축되었다. 이는 조공을 기반으로 한 동아시아의 국제 체제로 쉽게 말해 봉건 관계의 국제판이라고 할 수 있다. 중국을 왕, 속국을 제후(신하)라고 생각하면 된다. 이때 중국은 '제국', 중국의 군주는 '황제'라 불렀다.

이에 대해 속국은 '왕국', 속국의 군주는 '국왕'이라 칭했다. 이 상하 관계는 주자학(유교)으로 이어졌고 양자 간에는 정기적인 교역, 즉 외교와 무역이 전개되었다. 외교는 속국 사절의 중국 방문으로 황제에 대한 '배알'의 의미를 지녔고, 무역은 속국이 토산물을 바치면 황제가 이에 '답례'하는 관계 속에서 이뤄졌다.

청 왕조도 명나라의 제도를 계승하여 류큐, 베트남, 조선 등과 조공·책봉 관계를 유지했다. 이 때문에 아시아 국가들은 대부분 구미 국가들에 대해 쇄국 정책을 고수할 수밖에 없었다.

영국이 주도한 자유 무역주의와 근대 외교는 중국의 조공 · 책봉 체제에 타격을 입혔다. 1840년, 결국 두 나라 사이에서 아편 전쟁이 일어나 아시아를 큰 충격에 빠뜨렸다. 이를 가리켜 서구의 충격(Western Impact)이라고 한다.

일본은 미국 페리 내항 사건(1853)을 계기로 자본주의의 발전과 국민국가의 건설을 추구하는 메이지 유신(1868)을 단행했다.

19세기 후반, 동반구 국가 대부분이 구미 열강의 세력권에 편입되거나 식민지로 전락했다. 일본과 동남아시아의 라타나코신 왕조 시암 왕국(지금의 태국)만 예외였다.

일본은 메이지 유신을 통해 국민국가를 건설하고자 했다. 그 범주에는 류큐 왕국(1429~1879)도 들어갔다. 1879년 류큐 왕국은 류큐 처분으로 일본에 강제 병합돼 오키나와현이 되었다.

쇼시가 통일한 류큐는 15세기 이래 중국의 조공 · 책봉 체제하에 있었다. 그런데 1609년의 류큐 침공 이후 사실상 사쓰마 번의 지배를 받아왔기 때문에 류큐 처분은 이 흐름을 따른 것이었다. 일본은 류큐의 영민을 국민으로 삼고, 혈연 일족의 통치 체제와 부조리한 신분제 사회를 해체했다. 이에 따라 근대 사회 형성에 대한 기대감이 싹트기 시작했다.

일본 정부는 오키나와현 주민의 기대에 부응할 의무가 있었다. 애초 일본에 대한 반발심과 적대감이 높았던 오키나와현에서는 러일 전쟁을 계기로 일본 국민으로서 의식이 높아졌다.

이때 조선과 중국은 근대화라는 과제에 제대로 직면하지 못했다. 1875년, 일본은 조신 강화도에서 운요호 사건을 일으켰다. 일본 군함이 한반도 서해안의 한강 하구 지역인 강화도를 포격한 것이다. 이러한 방식의 외교 정책을 '함포 외교'라고 한다.

함포 외교의 역사는 오래된 것으로 이제까지 강대국이 자국의 이익과 확대를 위하여, 군사적 약소국이나 식민지에 대해서 자주 취해왔던 방법이다. 19세기 중엽 태평양을 건너 동양에 진출하려는 미국이 군함을 동원하여 일본의 에도만을 공격해 그들의 요구 조건대로 일본을 강제로 개항시켰다. 이 사건을 발단으로 조선에서도 개혁론이 등장한다. 1884년, 후쿠자와 유키치와도 교류했던 김옥균이 근대화 혁명을 도모했다. 바로, 갑신정변이다.

갑신정변은 중국 청나라 군사의 개입 탓에 '삼일천하'로 막을 내린다. 이후 청 왕조는 조선을 지배하에 두려고 주찰조선총리교섭통상사의라는 난해한 이름의 주재관을 조선에 파견한다. 요컨대 중국이 조선에 출장소를 두고 조선의 외교권을 행사하려고 한 것이다.

⊙ 강화도 사건과 유학자 최익현

최익현은 강화도 사건 당시 조선 왕조를 대표하는 유학자다. 유학자로 대원군을 탄핵하였으며 갑오개혁 때 단발령에 반대하였다. 을사늑약을 반대하여 의병을 일으켰으며 유배지 쓰시마섬으로 압송당하였다. 거기서 최익현은 일본인의 온갖 회유와 협박을 물리치고 단식에 돌입하였다. 일본인들은 강제로 그의 입에 음식을 넣었으나 모두 뱉

거나 입을 열지 않고 저항하였다. 1907년 1월 1일 쓰시마 섬 감옥에
서 풍증과 단식 후유증으로 사망하였다.

러시아 황태자 일본 순사의 칼을 맞다 - 시베리아 철도와 남하 정책

일본은 청·일 전쟁(1894~1895)으로 청나라의 랴오뚱 반도와 뤼
순을 점령하면서 청군을 궤멸시켰다. 이 전쟁의 결과 시모노세키
조약이 맺어졌으며, 일본은 동북아의 패권을 장악했다. 한편, 이 무
렵 러시아는 시베리아 철도를 극동까지 이어나가고 있었다. 이 철
도가 완성되는 날에는 모스크바 동쪽에 있는 첼랴빈스크에서 동해
에 접한 블라디보스토크까지의 긴 거리가 연결된다.

부동항을 얻기 위한 보다 나은 조건을 추구하던 러시아는 1896
년 청 왕조로부터 동청 철도 부설권을 획득했다. 이로써 시베리아
철도에서 뻗어 나와 만주(지금의 중국 동북지방)부터 랴오둥반도의 뤼
순까지 이어지는 노선을 개설할 수 있게 되었다. 이 때문에 시베리
아 철도는 러시아의 남하를 경계한 영국뿐만 아니라 일본에도 위
협으로 다가왔다.

1891년 러일 관계의 완화를 꾀하고자 일본을 방문한 러시아의
황태자 니콜라이(훗날 황제 니콜라이 2세)가 시가현 오쓰시에서 일본
순사의 칼에 맞는 사건이 일어났다. 이를 오쓰 사건이라고 한다. 당
시 일본에서는 '사이고 생환설'이 떠돌고 있었다. 세이난 전쟁(1877)
에서 패배하여 자결한 사이고 다카모리가 사실은 러시아에 살고

있었고, 니콜라이 방일 때 러시아 함선에 동승하여 돌아온다는 소문이었다.

칼을 휘두른 순사는 과거 세이난 전쟁에 참가한 관군으로 사이고 다카모리가 살아 돌아오면 자신의 무훈을 빼앗길지도 모른다고 생각했다고 한다. 그 불안과 분노가 니콜라이를 향한 것이다. 19세기 말 일본 전역에 퍼진 '사이고 생환설'은 천황, 정치가, 매스컴, 대중의 관심을 끌 만큼 큰 화제를 불러일으켰다. 그 후 한반도와 만주를 둘러싸고 러·일 관계가 악화하면서 양국은 불꽃 튀는 전쟁에 돌입하게 된다.

정로환에는 세계사가 담겨있다?

- 러·일 전쟁은 아시아를 무대로 한 제국주의 전쟁

시베리아 철도 부설로 극동에서 러시아 남하 정책이 추진되자, 영국은 일본과 영·일 동맹을 맺고 이에 대항했다. 그런 가운데 만주의 지배권을 둘러싸고 러·일 전쟁(1904~1905)이 발발했다.

일본에서는 '정로(征露, 러시아를 정벌하겠다는 뜻)'라는 이름 아래 전의(戰意)와 국민 의식이 높아졌다. 그 흔적은 오늘날 '정로환'이라는 약 이름에서 찾아볼 수 있다.

러·일 전쟁은 열강 간의 대항 관계를 배경으로 러시아와 일본이 충돌한 전쟁이었다. 이는 대체 무슨 의미일까?

당시 미국은 만주에 관심을 두고 있었다. 이와 동시에 러시아가 자신의 세력권인 북태평양에 발을 들이는 것을 경계했다. 그런 이유에서 일본에는 우호적이었다.

한편 러·불 동맹을 맺고 있던 러시아는 영국과 일본을 위협하는 것에 프랑스뿐 아니라 독일로부터도 지지를 얻었다.

러·일 양국은 자국을 지지해주는 열강에 국채를 팔아 전쟁 자금을 마련했다. 러·일 전쟁이 제국주의의 세계 전쟁이라고 불리는 이유는 바로 이런 배경 때문이다.

개전 바로 다음 해인 1905년, 러시아에서 발생한 피의 일요일 사건을 계기로 러·일 전쟁은 막바지를 향해 치닫는다.

1905년, 미국 대통령 시어도어 루스벨트의 중재로 두 나라는 포츠머스 조약을 맺었다. 이 전쟁의 승자는 일본이었으나 사실상 양국 모두 큰 타격을 입었다. 일본은 동청 철도(창춘~뤼순)의 경영권과 한국에 대한 우월권 등을 획득했다. 하지만 배상금 지급의 의무를 지게 되었다.

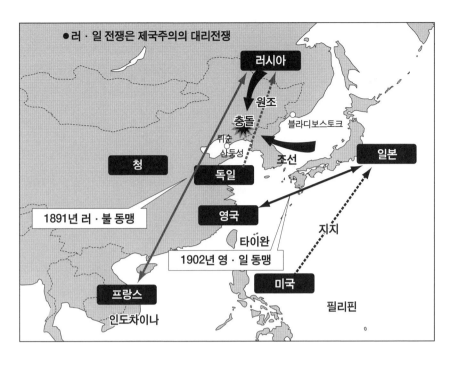

●러 · 일 전쟁은 제국주의의 대리전쟁

러시아

원조

충돌

블라디보스토크

뤼순

산둥성

조선

청

독일

일본

1891년 러 · 불 동맹

영국

지지

타이완

1902년 영 · 일 동맹

프랑스

미국

인도차이나

필리핀

러 · 일 전쟁 - 아시아의 민족 운동과 한국

　러 · 일 전쟁이 일본의 승리로 돌아가고 그 무렵 중국의 혁명가 쑨원은 청 왕조 타도를 외치며 1905년 도쿄에서 중국 동맹회를 결성한다. 이 움직임은 1911년의 신해혁명으로 발전하여 중화민국 건국으로 이어졌다.

　인도에서는 인도 국민 회의파가 1906년에 콜카타 대회를 열어 스와라지(자치)를 결의하고 영국 반대 운동의 방침을 명확히 했다.

또 이웃 나라 카자르 왕조 이란에서는 헌법 제정 · 국회 개설 운동이 열기를 더했다. 이를 이란 입헌 혁명(1905~1911)이라고 한다.

그 옆의 오스만 제국에서도 1908년 청년 투르크 혁명이 일어났다. 이 혁명으로 미드하트 헌법이 부활하고 입헌 정치가 성립했다. 하지만 터키 민족이 국민주의를 급격하게 밀어붙인 탓에 비터키계 민족의 저항이 심해져 정권은 불안정한 상태였다. 한편, 일본은 1905년 을사늑약(제2차 한일 협약)을 맺고 한국의 외교권을 빼앗았다. 그리고 1910년에는 한일 병합 조약을 체결함으로써 한국을 일본의 지배하에 두었다.

이와 관련하여 주목해야 할 점이 두 가지 있다. 먼저 한일 병합 조약의 내용이다. 조약문을 살펴보면 한국을 '일본판 조공 · 책봉 체제의 속국으로 삼겠다'는 선언에 가깝다는 사실을 알 수 있다. 일본은 분명 중국의 그러한 대외 관계를 비판하며 근대 외교를 펼쳐야 한다고 주장해 왔는데 말이다.

그리고 또 하나, 한국이 일찍이 사대주의와 결별하지 못한 이유다. 오랜 시간 중국의 조공 · 책봉 체제에 완전히 젖어있었던 것이 근대화로의 이행을 늦춘 가장 큰 요인이 아니었나 싶다.

2. 조피가 발칸에서 살해당하자 세계대전이 일어났다?

제국주의 충돌의 무대는 만주에서 아프리카와 페르시아만으로

- 제1차 세계대전의 구도

1904년 러 · 일 전쟁이 발발한 해에 영 · 불 협상이 이뤄졌다. 러시아와 일본이 극동에서 첨예하게 대립하던 시기, 영국과 프랑스 양국은 아프리카 나일강 상류의 파쇼다에서 충돌했다.

영국은 이집트의 카이로에서 남아프리카의 케이프타운을 잇는 아프리카 종단 정책을 전개했고, 프랑스는 사하라 사막에서 '아프리카의 뿔'이라 불린 지부티(대륙 북동부의 돌출된 지역)로 향하는 횡단 정책을 펼치고 있었다.

서로 세력권을 넓혀나가던 양국은 수단 남부의 파쇼다에서 부딪혔다. 이를 파쇼다 사건(1898)이라고 한다. 두 나라 사이에는 언제 전쟁이 터져도 이상하지 않을 정도로 팽팽한 긴장감이 감돌았다.

그러나 그 후 영국과 프랑스는 공통의 적에 맞서 동맹을 맺는 편이 국익에 이롭다는 결론에 이른다. 어떻게 된 일일까?

프랑스는 독일의 통일 과정에서 일어난 독·불 전쟁(1870~1871)에서 패하여 라인강 서쪽의 알자스와 로렌 지방을 빼앗겼다. 무엇보다 가장 굴욕적이었던 사건은 독일 제국의 황제 즉위식이 프랑스의 화려한 현관이라 불리는 베르사유 궁전에서 거행된 일이었다.

이러한 사태에 분노한 프랑스는 영국보다 독일에 대한 대항을 우선시하게 되었다. 한편, 영국은 파쇼다 사건이 일어난 다음 해에 독일이 바그다드 철도 부설권을 획득했다는 소식을 접하고 아연실색했다. 바그다드 철도가 개설되면 독일은 베를린에서 발칸반도를 거쳐 페르시아만으로 나올 수 있게 된다. 물론 자국의 미래가 해상에 있다고 생각하던 독일로서는 커다란 한 걸음이었다. 독일은 '세계 정책'을 내걸고 큰 바다로 나아가고 싶어 했다.

그 관문이라고 할 수 있는 곳이 페르시아만이었다. 페르시아만은 어디로 연결되는가. 그렇다, 바로 인도다. 영국이 경악한 것은 이런 이유에서였다.

이것이 독일 제국주의의 바탕이 된 3B 정책이다. 베를린, 비잔티움(이스탄불), 바그다드를 잇는 노선을 구축하고자 한 이 정책의 이름은 세 도시의 앞글자를 딴 것이다. 이렇게 형성된 영·불 측과 독일의 대립 관계는 제1차 세계대전의 도화선이 되었다.

세계대전의 도화선이 된 발칸반도 사건 - 유럽의 화약고

독일이 바그다드 철도 부설권을 획득한 시기, 영국은 남아프리카 전쟁(1899~1902)을 일으켰다. 영국령 케이프를 거점으로 금광맥이 풍부한 아프리카 남부(트란스발, 오렌지) 일대를 제압한 것이다. 이미 인도 시장(캘커타)과 이집트의 수에즈 운하(카이로)를 장악한 뒤였던 영국은 이로써 제국주의 정책의 근간을 완성하게 되었다. 이것이 영국의 3C 정책이다.

그리하여 독일의 3B 정책과 영국의 3C 정책 사이에 격렬한 불꽃이 튀었다. 게다가 양국은 저마다 삼국 동맹(독일·오스트리아·이탈리아, 1882), 삼국 협상(영국·프랑스·러시아, 1907)이라는 그룹에 속해 있었다.

마침내 발칸반도에서 독일 측과 영국 측이 충돌했다. 그런데 직접 부딪힌 나라는 오스트리아와 세르비아였다.

세르비아는 삼국 협상의 러시아로부터 지원을 받아 발칸반도의 남슬라브인 지역을 병합하고자 했다. 이를 대세르비아주의라고 한다. 그 가운데는 오스만령인 보스니아·헤르체고비나도 포함되어 있었다. 그런데 삼국 동맹의 오스트리아가 이 지역을 점령해버렸고, 이에 세르비아는 맹렬히 반발하고 나섰다.

1914년 6월 28일, 세르비아의 19세 소년 프린치프가 오스트리아 황태자 부부를 암살했다. 사라예보 사건이었다. 이 사건은 세르비아 왕국(1168~1389)이 1389년에 오스만군과의 전투에서 패배하여 멸망했던 날에 일어났다. 황위 계승자 프란츠 페르디난트의 부인은 죽는 순간까지 남편이 무사한지 걱정했다고 한다. 남편도 마찬가지였다. 프란츠 페르디난트는 "조피, 조피!" 하고 계속해서 부인의 이름을 부르며 숨을 거뒀다.

서부 전선 이상 있음! - 참호전, 독가스, 전차, 비행기의 전쟁

발칸반도에서 일어난 사건은 전 세계를 휩쓴 제1차 세계대전으로 번졌다. 1914년 8월 말에는 일본이 영 · 미 동맹을 근거로 삼국 협상 측에 참전한다.

러시아의 남하로 고통받던 오스만 제국은 독일에 접근하여 삼국 동맹 측에 가담했다. 또 대전이 발발하자, 독일을 필두로 한 주요국의 사회주의 정당이 '조국 방위'를 내세우며 각축전에 뛰어들었다. 이 때문에 국제 조직으로 활동해온 제2 인터내셔널(1889년 결성)은 붕괴한다.

삼국 협상 측의 연합국과 삼국 동맹국 측으로 나뉜 세계는 전쟁의 불길에 휩싸였다. 이 전쟁은 여성과 식민지 국민까지 동원한 사상 초유의 총력전으로 발전했다.

전쟁이 시작되자 독일군은 동부 전선의 타넨베르크 전투에서 러시아군을 쳐부수었다. 하지만 전투 영역이 넓어져 장기전에 돌입하게 되면서 전력은 현격히 떨어졌다. 이때 독가스 · 전차 · 비행기와 같은 신병기가 등장한다. 독가스는 개전 이듬해에 독일군이 처음으로 사용한 이래 양 진영에서 무제한으로 쓰여 막대한 희생자를 냈다.

1914년 9월, 프랑스는 서진해온 독일군을 마른강 전투에서 맞닥뜨렸다. 이후 서부 전선에서는 참호전이 벌어졌고, 이로 인해 교착 사태가 장기화했다.

이 전투에 관해 좀 더 알고 싶다면 레마르크의 동명 소설을 영화화한 〈서부 전선 이상 없다〉(감독 루이스 마일스톤, 1930)를 보길 권한다. 이 영화는 특히 마지막 장면이 압권이다.

참호에서 쓰러져가는 소년병들의 모습을 카메라가 어루만지듯 촬영한다. 총력전에 동원된 이 소년병들은 10대 고등학생들이다. 어린 생명이 전쟁터에서 맥없이 죽어가는 모습에 가슴이 먹먹해진다. 더구나 이 영화가 허구를 넘어 실제로 있었던 역사적 사실을 그렸다는 점에서 더 큰 울림을 느낀다. 처참한 광경에 이어, '서부 전선 이상 없음'이라는 형식적인 보고서를 본부로 보내는 장면이 겹치듯 나온다. 이 얼마나 얄궂은 현실인가!

⊙ 처형당한 '춤추는 마타 하리'

마타 하리(1876~1917)는 네덜란드 출신의 무용가다. 그녀는 자바섬에서 익힌 이국적인 춤으로 유럽 사람들의 마음을 사로잡았다. 인기인이었던 만큼 교제 범위도 상당히 넓었다. 제1차 세계대전은 병기뿐 아니라 정보 전쟁이기도 했다. 마타 하리는 프랑스의 요인으로부터 중요한 정보를 입수할 수 있는 상황이라서 독일 첩보원으로 이용된 듯하다. 하지만 1917년 프랑스 정부에 체포되어 처형당한다. 이후 그녀의 이야기는 반독일주의를 고양하고 전의를 높이기 위한 소재로 사용되었다.

1917년, 두 비극의 출발점 - 팔레스타인 문제와 러시아 혁명

1914년에 시작된 전쟁은 좀처럼 끝나지 않았다. 개전 후 어느덧 3년이 지난 1917년, 유대인 재벌 로스차일드가에 한 통의 편지가 날아들었다. 발신인은 '영국 외무장관 밸푸어'였다.

19세기 말부터 유대인들 사이에서는 '팔레스타인에 나라를 세우자'고 주창하는 운동이 확산했다. 이를 시오니즘이라 한다.

밸푸어의 편지에는 영국에 전쟁 자금을 빌려주면 시오니즘을 지지하겠다는 내용이 담겨있었다. 팔레스타인은 7세기 이후 줄곧 이슬람 문화권에 속해 있었고, 당시에는 오스만 제국의 영토였다. 따라서 시오니즘은 침략적 성격을 지닌 매우 위험한 사상이라고 할 수 있었다.

남의 집과 토지를 빼앗겠다는 주장이 일반 사회에서 통용될 리 없었다. 오스만 제국의 주권 소재를 확인한 다음 그 땅에 세 들어 산다는 접근 방식도 고려할 수 있지 않았을까?

게다가 여기에는 함정이 있었다. 1920년 산레모 회의에서 영국의 팔레스타인 위임 통치가 결정된다. 영국이 유대인의 시오니즘을 지지하겠다는 약속을 저버린 것이다. 영국은 이곳을 아시아로 향하는 요충지 가운데 하나로 생각했다.

하지만 결과적으로 밸푸어의 편지(밸푸어 선언)는 시오니즘을 부채질했고, 1948년의 이스라엘 건국으로 이어지는 흐름을 형성했다. 시오니즘과 밸푸어 선언은 21세기인 오늘날까지 해결되지 못한 채 남아 있는 팔레스타인 문제의 원인이 되었다.

한편 러시아에서는 1917년에 3월 혁명이 일어나 로마노프 왕조 (1613~1917)가 무너졌다. 사회주의 혁명 조직 볼셰비키의 지도자 레닌은 망명처인 스위스에서 이 소식을 접했다.

레닌과 그의 동료들은 하루라도 빨리 귀국하길 바랐지만, 본국이 망명자들을 도와줄 리 만무했다. 놀랍게도 레닌에게 힘을 빌려준 것은 적국, 더군다나 레닌이 비판해온 제국주의 독일이었다.

이렇게 해서 레닌을 실은 열차는 취리히에서 발트해를 향해 북상했다. 국경을 통과할 때까지 여권 검사 등을 일절 하지 않았던 이 볼셰비키 전용 차량은 아무도 건드릴 수 없는 봉인 열차라 불렸다.

귀국에 성공한 레닌은 11월 혁명 후 총선거를 통해 탄생한 제헌 국회를 탄압하고, 볼셰비키(공산당) 독재를 거침없이 펼쳐나갔다.

독재에 의한 사회주의 체제는 1921년 네프라는 자본주의적 시장 경제 체제를 도입함으로써 국민의 불만을 잠재우고자 했다. 그러나 이는 러시아 공포 정치와 암흑시대의 서막에 불과했다

3. 제2차 세계대전은 스탈린과 히틀러 동맹에서 출발!

파리에서 시작된 국제 질서의 형성 - 베르사유-워싱턴 체제의 성립

1919년 1월, 미국 대통령 윌슨의 '14개조 평화 원칙'에 의거한 파리 강화 회의가 열렸다. 의제는 제1차 세계대전의 전후 처리와 국제 평화 회복이었다. 독일 등의 패전국과 소비에트 러시아는 초대받지 못했다.

회의는 독일에 대한 보복적 성격을 강하게 띠었다. 이 회의에서 체결된 것이 베르사유 조약이다. 독일은 모든 해외 세력권을 포기하고 배상금을 지급해야 했다. 그뿐 아니라 영토가 축소되었으며 태평양과 산둥반도의 이권을 일본에 넘겨주게 되었다.

베르사유 조약의 본질은 독일 등 옛 적국의 부활을 억누름과 동시에 소비에트 러시아(1922년에 소련으로 변경)의 혁명 운동에 대항하는 것이었다. 이 국제 합의를 베르사유 체제라고 한다.

강화 회의를 주도해온 미국은 완성된 조약에 서명하긴 했으나 본국 의회의 반대에 부딪힌다. 미국 상원은 고립주의를 내세우며 조약의 승인을 거부했다. 새로이 발족한 국제 연맹(본부 제네바)에도 가입하지 않았다.

미국의 고립주의는 홀로 멀찌감치 떨어져서 다른 나라와 외교를 끊겠다는 개념이 아니다. 조약과 연맹에 구속당하지 않는 자유로운 입장에서 국제 정치에 적극적으로 관여하는 단독행동주의를 의미한다. 오늘날까지도 미국은 이 외교 노선을 유지하고 있다.

'우리는 영국, 프랑스, 일본 등의 대국보다 훨씬 더 거대한 초대국이다!' 이러한 인식 아래 미국 주도의 국제 정치가 시작되었다.

고립주의의 길을 택한 자신감의 배경에는 생산력과 금융력이 뒷받침된 경제력이 있었다. 당시 세계의 금 70% 이상이 미국에 집중되어 있을 정도였다.

또 대전 중 연합국의 주축이었던 영국과 프랑스에 무기를 수출함으로써 미국은 채권 총액이 125억 달러(1919)에 달하는 채권국으로 거듭났다. 반면 영국은 45.8억 달러, 프랑스는 41.4억 달러, 이탈리아는 21억 달러라는 전채(戰債 무기 대금), 즉 미국에 대한 채무를 짊어지게 되었다.

⊙ 샤넬·보브 헤어·여성 참정권의 상관관계

제1차 세계대전으로 총력전 체제가 들어서면서 여성의 활동이 주목받기 시작했다. 그 결과 이 시기에 집중적으로 각국에서 여성 참정권이 확립되었다. 1918년에 영국, 러시아, 오스트리아, 1919년에 독일, 체코슬로바키아 그리고 1920년에 미국이 여성 참정권을 인정했다. 전후에는 여성의 사회 진출이 한층 더 두드러졌다. 1920년대 파리에서 코코 샤넬(1883~1971)의 디자인이 엄청난 호응을 얻었다. 활동하기 편하고 기능성이 뛰어나다는 점에서 일하는 여성들의 지지를 받은 것이다. 보브 헤어로 대표되는 단발이 유행한 것도 활동성을 중시한 당시의 분위기를 보여준다.

역사상 처음으로 전쟁하지 않는다는 조약이 성립했다!

- 국제 협조 체제와 세계 공황

세계대전이 끝나자 미국은 고립주의를 토대로 적극적인 외교를 전개했다. 그런 가운데 특히 일본의 팽창을 경계했다. 독일의 권익을 획득한 일본이 북태평양과 중국으로 세력권을 넓혀갔기 때문이다.

미국은 1898년에 하와이를 병합하고, 같은 해에 미국·스페인 전쟁으로 필리핀, 괌 등도 손에 넣었다. 이후 북태평양은 합중국의 세력권으로 간주하여왔다. 미국이 일본을 억누르기 시작한 이유는 이러한 사정 때문이었다.

1921년 워싱턴 회의가 개최되었다. 미국의 주재로 열린 이 국제 회의는 여러 열강으로부터 지지를 받았다. 회의 결과 영·일 동맹의 해체를 결정한 4개국 조약, 해군 군비 제한 조약, 그리고 일본의 산둥반도 권익 포기를 강제한 9개국 조약이 체결되었다.

열강들은 일본이 세력 균형을 파괴할 우려가 있다고 판단했다. 이로써 워싱턴 체제가 성립했고, 미국과 영국에 경제적으로 의존하고 있던 일본은 이를 따를 수밖에 없었다.

유럽뿐만 아니라 아시아·태평양 지역의 세력 균형과 국제 정치 안정도 함께 고려되었다. 이렇게 해서 탄생한 체제를 베르사유-워싱턴 체제라고 한다.

이 체제는 그 후 열강 주도의 국제 협조 체제로 발전했다. 1926년 국제 연맹에 독일을 상임이사국으로 받아들이면서 협조주의는 크게 진전한다. 그리고 1928년, 협조주의 외교의 원칙 아래, 국가 간의 대립을 전쟁으로 해결하지 않는다는 부전(不戰) 조약을 체결하기에 이른다. 소련을 비롯한 63개국이 이 조약에 서명함에 따라, 제1차 세계대전 이후의 국제 협조 체제는 정점에 달한 듯 보였다.

그러던 1929년 10월 24일, 뉴욕 월가의 주가가 폭락하여 검은 목요일을 맞았다. 이는 세계 공황의 발단이 되었다. 1933년에는 미국인의 4명 중 1명이 실업자인 형국이었다. 이 위기를 타개하기 위해 국가가 경제에 개입해 뉴딜 정책을 추진했으나 원하던 성과는 거두지 못했다.

영국과 프랑스는 본국과 식민지 사이에 블록 경제를 편성했다. 독일과 이탈리아는 파시즘(전체주의) 정권 아래 군수 산업을 발전시키고 사회 자본을 정비하여 실업자에게 일자리를 제공했다.

● 세계 공황이 초래한 국제 대립

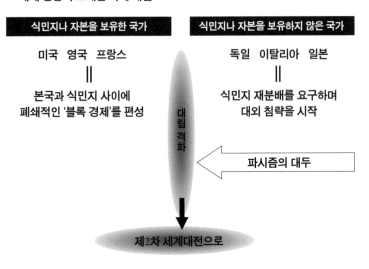

독재가 된 사회주의 - 1930년대의 소련, 독재 · 처형 · 강제수용소

세계 공황이 시작되었을 무렵, 국가가 모든 노동력을 관리하고 개인이라는 개념을 말살하는 비정상적인 나라가 출현했다. 바로 소련(1922~1991)이었다.

1930년대 소련에서는 국가에 의한 집단화로 개인이 소멸해가고 있었다. 제1, 2차 5개년 계획(1928~1932, 1933~1937)이 이러한 현상을 부채질했다.

각지에서 농민의 저항이 빈번히 일어났고 내전에 가까운 사태도 벌어졌다. 그러나 소련 공산당의 지도자 스탈린은 이에 아랑곳하지 않고 자신에게 저항하는 농민들을 탄압했다. 비밀경찰 등을 동원해 마을에서 외부로 통하는 도로를 차단하여 사람들을 가둬 굶겨 죽이는 일도 있었다.

1930년대 초 우크라이나 지방의 기근 때는 수천 명에 이르는 부랑아와 고아가 발생했고 유대인에 대한 박해도 일어났다. 대숙청이 강화됨에 따라 스탈린의 독재 체제가 완성되어갔다.

대숙청의 실태를 보면 1928년에서 1938년 사이에 체포한 사람의 수가 1,200만 명에 달했다. 그 가운데 처형된 사람이 100만 명, 수용소 등에 잡혀 들어간 사람이 900만 명, 그곳에서 죽은 사람이 200만 명이었다. 또 의도적 기근으로 죽은 농민의 수는 800만 명이라고 전해진다.

영화 〈이너써클〉(감독 안드레이 콘찰롭스키, 1991)은 스탈린 시대 사람들의 마음에 초점을 맞춘 주옥같은 작품이다. 주인공은 실재한 '스탈린 전속 영사 기사'이다.

그는 독재에 흥겨워하는 '악마'들의 협소한 '조직'을 곁에서 바라보며 그들의 모습을 영상으로 기록한 역사의 산증인이다. 영화는 주인공이 인간성을 되찾아가는 과정을 세밀하게 잘 보여준다. 스탈린과 극과 극이 서로 마주하는 극적 가치를 지닌 인물로 유대인 고아를 설정한 연출도 나무랄 데 없다. 시종일관 감탄을 자아내는 영화다.

대숙청의 선봉자였던 비밀경찰 베리아(재임 1938~1953) 역의 뛰어난 연기도 눈여겨볼 만하다. 여자와 시시덕거리면서 캐비아를 듬

뿍 올린 훈제 연어를 천박하고 게걸스럽게 입안에 욱여넣는 연기
는 절묘하기 그지없다.

1930년대의 소련은 이상이 현실 속에서 왜곡된 독재가 된 사회
주의다. 하지만 소련의 바깥세상에서도 실업과 도산이 끊임없이
일어나고 있었다.

아시아에도 민족 자결의 원칙을! - 고양하는 아시아의 민족 운동

제1차 세계대전이 종결되자 아시아 각지에서 민족 운동이 동시
다발적으로 일어났다. 신해혁명 후 군벌이 권력을 장악한 중국에
서는 쑨원이 중화민국을 세운 뒤, 발족한 지 얼마 되지 않은 중국국
민당, 그리고 중국공산당과 연합(국공 합작)함으로써 통일 중국을 이
루고자 했다. 이를 국민 혁명(1926~1928)이라고 한다.

이러한 소용돌이 속에서 쑨원이 '혁명은 아직 이뤄지지 않았다'
라는 말을 남기고 죽자, 국민당의 지휘권을 쥔 장제스가 국민 혁명
을 성공시키고 새로운 지도자가 되었다. 그 후 공산당의 대두를 경
계한 장제스는 공산당 소탕 작전을 펼쳤다.

이에 맞서 공산당은 홍군이라 불리는 군대를 결성했고, 국민당
과 공산당의 내전은 갈수록 치열해졌다.

"아시아에도 민족 자결의 원칙을!"

세계대전 후 아시아 각지에서 이런 외침이 울려 퍼졌다. 한국에
서는 3 · 1 운동이 일어났다. 지식인과 종교인들이 '독립 선언서'를

발표하자 경성(지금의 서울)을 시작으로 주요 도시에서 '독립 만세' 행렬이 이어졌다.

베르사유 조약의 조인을 반대하는 목소리가 높아진 중국에서는 5 · 4 운동이 일어났다. 중국에 대한 독일의 권익을 일본으로 이양한다는 조항에 반발하면서 시작된 움직임이었다.

인도에서는 간디가 주도하는 비폭력 · 불복종 운동이 고양되었다. 또 동남아시아에서는 호찌민이 베트남 독립을 주창했고, 수카르노가 인도네시아 국민당을 결성하여 메르데카(애국) 운동을 지휘했다.

패전국인 오스만 제국에서도 국민 혁명이 일어나, 1923년 케말 파샤를 지도자로 한 터키 공화국이 탄생했다. 이슬람 문화권에 처음으로 근대 국가가 출현한 것이다. 종교에서도 자유와 평등이 기본 원리로 자리 잡았다. 이와 동시에 여성 참정권도 확립되었다.

대전 중 영국과 러시아의 군대에 점령된 이란에서는 1921년 리자 샤 팔레비가 쿠데타를 일으켜 정권을 잡고 독립에 성공한다. 이로써 입헌군주제인 팔레비 왕조가 탄생했다. 아랍인의 건국 운동도 활발해져 1932년 사우디아라비아와 이라크라는 왕국이 일어났다.

⊙ 저장 재벌과 송가의 세 자매

일본 유학 후 국민 혁명으로 두각을 드러낸 장제스는 중국 경제의 중심이 된 상하이의 저장 재벌에게 접근한다. 저장 재벌은 다수의 은행을 산하에 두고 중국 경제를 장악한 집단이었다. 특히 4대 가족이라 불린 장·공·송·진 일족은 정치에도 영향을 미쳤다. 그 가운데 송 가의 셋째 딸 쑹메이링은 장제스와 결혼한다. 그리고 장녀 쑹아이링 은 대부호인 쿵샹시와, 차녀 쑹칭링은 쑨원과 연을 맺는다.

전쟁의 발화점은 스탈린과 히틀러의 동맹이었다 - 제2차 세계대전의 시작

세계 공황은 독일에 심각한 문제를 불러일으켰다. 1932년 실업률은 30%를 넘어섰고 실업자는 600만 명에 달했다.

이런 상황 속에서 국민 사회주의 독일 노동자당(나치스)이 의석수를 늘여 1933년 히틀러 내각을 구성한다. '실업자를 제로로!'라고 공언한 히틀러 정권은 자동차 산업 육성, 아우토반(자동차 전용 고속도로) 건설, 군수 생산 강화를 추진하여 540만 명을 고용했다. 1938년에 등장한 '국민차' 폭스바겐의 생산도 실업률 안정에 크게 공헌했다.

1936년에는 베를린 올림픽이 개최되었다. 이 올림픽에서 선전상 괴벨스는 장대한 규모의 연출을 선보였다. 그중 하나가 올림피아의 성화를 그리스에서 베를린까지 릴레이 형식으로 옮기는, 이른바 성화 릴레이였다. 개회식에서 평화의 상징인 비둘기를 날리는 것도 '나치스 올림픽'의 연출이었다.

또한, 히틀러 정권은 독일 민족을 통합하여 '제3 제국'을 이루겠다는 구상을 단숨에 실현하고자 했다. 1938년의 오스트리아 병합, 이듬해의 체코슬로바키아 해체(체코 해체)는 이에 따른 결과였다.

이윽고 히틀러는 폴란드까지 손을 뻗쳐 유럽 정세를 불안하게 했다. 이때 소련의 스탈린이 폴란드 분할을 밀약하며 히틀러에게 협조 관계를 맺자고 제안해왔고, 1939년 8월 23일 독·소 불가침 조약이 체결되었다.

1939년 9월 1일, 독일군이 폴란드로 침공하자 독일과 동맹 관계에 있던 소련군도 협공에 나섰다. 폴란드는 또다시 역사에서 지워지게 되었다. 영국과 프랑스는 이에 항의하며 독일에 선전 포고를 했다. 제2차 세계대전(1939~1945)은 이렇게 시작한 것이다.

그런데 1941년 느닷없이 독·소 전쟁이 발발했다. 미합중국의 대통령 루스벨트와 영국의 총리 처칠은 대서양 회담을 통해 전체주의에 대항함과 동시에 국제 연합을 구상한 대서양 헌장에 합의했다. 소련도 영·미 측에 가담했다.

같은 해 12월에는 일본이 미국, 영국과 교전 상태에 빠졌고, 이듬해 1월 연합국 공동 선언이 발표되었다. 이렇게 해서 세계대전은 민주주의와 파시즘 양 진영 간의 싸움으로 인식되었다.

제10장

전후 세계에서
21세기 시대로

전후 세계는 동서 진영의 대립으로 시작되었다. 이 냉전(冷戰) 구도는 한반도에서 열전(熱戰)으로 나타났다. 그 후 세계는 평화 공존을 외치며 공산당 독재 체제의 소멸을 향해 나아갔다. 그리고 21세기인 오늘날, 관용적인 사회와 국제 관계가 요구되고 있다.

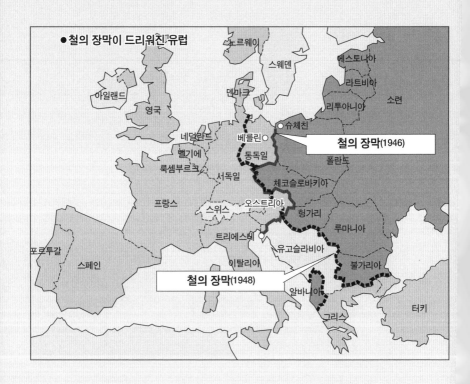

● 철의 장막이 드리워진 유럽

노르웨이
스웨덴
에스토니아
라트비아
리투아니아
소련
아일랜드
영국
덴마크
슈체친
네덜란드
베를린
철의 장막(1946)
벨기에
동독일
폴란드
룩셈부르크
서독일
체코슬로바키아
프랑스
스위스
오스트리아
헝가리
루마니아
트리에스테
유고슬라비아
불가리아
포르투갈
스페인
철의 장막(1948)
이탈리아
알바니아
터키
그리스

1. 전후 세계를 결정한 '피의 수 비율'

블러드 래셔널(blood rational) 이론에 따른 합의 - 연합국의 정의와 논리

연합국(United Nations)은 제2차 세계대전을 '파시즘과 국민주의의 전투'라고 정의했다. 그렇다면 세계대전 중 수뇌들 사이에서는 어떤 교섭이 이뤄졌을까?

전후 세계의 성립 과정을 볼 때, 1943년 1월 모로코에서 열린 카사블랑카 회담은 결정적이라고 할 만큼 중요하다. '전후 세계는 여기서 시작되었다.'라고 해도 무방할 정도다.

참석자인 미국 대통령 프랭클린 루스벨트와 영국 총리 처칠은 적국의 '무조건 항복'을 받아 낼 때까지 전쟁을 멈추지 않기로 합의했다. 또 적국을 점령할 때는 블러드 래셔널(blood rational) 이론을 적용하겠다고 표명했다.

여기서 잠시, 블러드 래셔널 이론이란 무엇인지 알아보자.

직역하자면 '피의 수 이론'이다. '피의 수'란 전쟁에 나간 군대의 수라고 보면 된다. 요컨대 전쟁에서 막대한 희생을 치른 나라가 적의 영토를 점령할 수 있다는 논리다. 이 이론에 따르면 적국의 무조건 항복 시, 연합국 가운데 가장 활약한 국가가 그 나라를 점령할 수 있다. 이는 승전국의 정치·사회 제도를 점령한 적국에 강요할 수 있다는 뜻이기도 했다. 이런 방침을 정한 이유는 무엇일까?

카사블랑카 회담은 지중해 문제에 초점을 맞췄다. 구체적으로는 북아프리카를 거쳐 시칠리아섬과 이탈리아반도에 상륙한다는 작전이 결정됐다.

19세기 이래 지중해는 인도 루트라 불리며 영국의 세력권으로 여겨져 왔다. 이 루트가 없었다면 영국은 번영을 누리지 못했다 해도 과언이 아니다. 그러기에 자국의 번영을 지탱해온 수에즈 운하 경유의 지중해 루트로 '자본주의의 적'이기도 한 소련이 팽창해 오는 것을 용납할 수 없었다. '이탈리아반도 상륙 작전에 소련을 끌어들여서는 안 된다!' 이렇게 해서 블러드 래셔널 이론이 등장했다.

이처럼 정의 구현을 내세운 전쟁 뒤에는 국익을 추구하는 주요국의 계산이 작용했다. 그런데 이 국익에 치우친 정책이 뜻하지 않은 결과를 가져온다.

덩실덩실 춤추는 스탈린 - 백분율 협정과 소련의 동유럽 지배

카사블랑카 회담 당시 소련은 스탈린그라드 전투(1942~1943)에서 독일군에게 계속 밀리고 있었다. 이탈리아반도에 손을 뻗칠 여유가 없는 상황이었다.

그러던 1942년 미국이 독·소 전쟁에서 소련을 지원하기 위해 무기를 대여해주었고, 이듬해 미국의 원조에 힘입어 소련군은 독일군 격퇴에 성공한다. 문제는 이때부터였다.

소련군이 퇴각하는 독일군의 뒤를 쫓으며 동유럽·발칸반도 국가들을 차례차례 점령해나간 것이다. 그 길목에는 지중해 방면의 그리스도 있었다. 결국, 블러드 래셔널 이론이 미국과 영국 측의 목을 조이는 결과를 초래하고 말았다. 소련은 1944년에 루마니아와 불가리아를, 이듬해에 헝가리와 폴란드를 제압한 다음 독일로 진격해 베를린에 단독 입성하려고 했다.

말할 것도 없이 이 전쟁에서 가장 많은 피를 흘린 나라는 소련이었다. 따라서 블러드 래셔널 이론을 적용하면 소련이 동유럽 세계를 독점할 가능성이 커진다. 이 상황을 지켜보며 초조해하던 처칠은 1944년 10월 모스크바를 긴급 방문했다. 그리고 스탈린과의 회담을 통해 어떤 합의에 이르렀다. '백분율 협정'이었다.

처칠은 반절로 접은 종이를 꺼내 말없이 테이블 위에 펼쳤다. 거기에는 '루마니아는 소련이 90%', '그리스는 영국이 90%'라고 적혀 있었다. 국명과 숫자 이외에는 아무런 문장도 없었다.

이 메모를 본 스탈린은 처음에는 이해가 가지 않는다는 듯 어리

둥절했다. 하지만 곧 처칠의 의도를 깨닫고 미소를 지었다. 그는 '루마니아'라는 글자 아래 청색 펜으로 선을 그어 처칠에게 돌려줬다. 이것이 '백분율 협정'이라 불리는 영국과 소련의 발칸 분할이다. 합의한 숫자 '90%'는 사실상 100%를 의미했다. 처칠이 이토록 '그리스'에 집착한 이유는 소련이 지중해로 진출하지 못하도록 하기 위함이었다.

다음 해 5월, 소련이 베를린을 점령하면서 유럽에서의 전쟁은 막을 내렸다. 아이러니하게도 블러드 래셔널 이론이 소련의 동유럽 세계 점령을 용인하는 결과를 낳았다. 그 후 동유럽 국가들은 소련의 지배하에 들어가게 되었다. 스탈린은 분명 속으로 쾌재를 불렀을 것이다.

미국의 각성을 촉구한 처칠의 연설 - 팍스 아메리카나의 성립

제2차 세계대전이 끝나자 미합중국은 세계 최강국으로 우뚝 섰고, 이로써 팍스 아메리카나 시대가 열렸다. 미국이 전후 세계를 주도하게 된 것이다.

미국의 지도력은 국제 경제 속에서 빛을 발했다. IMF(브레턴우즈) 체제가 수립되면서 미국의 달러는 금과 교환 가능한 유일한 국제 통화가 되었다.

유일한 국제 통화라는 말이 무슨 뜻일까? 예를 들어 일본과 독일이 무역을 한다면 IMF 체제하에서는 엔도 마르크도 아닌 미국 달러로 상품값을 결제해야 한다. 그런 다음 미국 달러를 자국의 중앙 은행으로 가져가 그 나라의 화폐로 바꾼다. 당연히 은행에는 미국 달러가 쌓이게 된다.

이 달러를 미합중국의 중앙은행에 들고 가면 거기서 진짜 국제 통화인 금으로 교환해준다. 그러니까 본래의 국제 통화인 금의 대용품으로 미국 달러가 사용되는 것이다.

이러한 국제 경제 체제에 동유럽 국가들을 어떻게 편입할 것인가가 미국의 과제였다. 처칠이 그 유명한 '철의 장막' 연설을 한 것은 이 무렵이었다. 처칠은 발트해의 슈체친에서 아드리아해의 트리에스테에 이르기까지 철의 장막이 드리워져 그 동쪽에서는 자유와 민주주의가 억압당하고 있다고 말했다. '미국은 대체 무얼 하고 있습니까? 어서 일어나 이 장막을 무너뜨리고 유럽에 평화와 안전을 돌려주십시오.'라고 촉구하는 듯한 연설이었다.

1945년 5월 독일이 항복하자, 같은 해 7월 1일 처칠은 '제3차 대전'을 시뮬레이션했다고 한다. 미·영 양군과 독일군 10만 명이 소련으로 진격하는 작전을 세운 것이다. 그러면 스탈린은 터키, 그리스, 노르웨이를 침공할 것이고 프랑스 등에서도 격렬한 전투가 일어나리라 예상했다.

이 작전은 영국 내부에서 검토되었으나 단기전으로 승리를 기대하기 어렵고 '장기전을 치를 수밖에 없다'는 이유로 기각되었다. 다음 해 3월, 처칠은 '철의 장막' 연설에서 이때 품었던 생각을 내비친 것일지도 모른다.

'철'과 '장막'이라는 어울리지 않는 단어를 조합해 새로운 조어를 만든 데서 처칠의 비범한 문학적 감성을 엿볼 수 있다. 단단한 '철'과 부드러운 '장막'을 결합하여 차단되고 단절된, 교섭 불가능한 정치 상황을 설명한 것이다. 전후 처칠은 저서 ≪제2차 세계대전≫으로 노벨 문학상을 받는다. 어쩌면 문학상이야말로 처칠이 가장 바라던 상이었을지도 모른다. 저널리스트 출신인 처칠은 자신의 글이 호평을 받았을 때 더없이 감격스러웠을 것이다.

'위성국'을 통제하는 지배 방식 - 스탈린과 티토의 충돌

처칠이 '철의 장막' 연설로 공산주의에 대한 경각심을 일깨우던 시기, 미국 또한 동유럽 세계를 자본주의 측으로 끌어들일 방안을 모색하고 있었다. 그 방안을 공언한 것이 국무장관 마셜이었다.

1947년 6월, 마셜은 하버드 대학 졸업식의 기념 강연에서 '마셜 플랜'을 발표했다. 마셜 플랜은 미국이 모든 유럽 국가의 경제 부흥을 원조하겠다는 대담한 계획이었다. 여기에는 달러를 무상으로 지원함으로써 유럽을 미국의 경제권에 포함하려고 한 의도가 깔려 있었다.

이 움직임을 경계한 스탈린은 9월 코민포름(소련 · 유럽 공산당 정보국)을 결성하여 미국에 대항한다. 코민포름이라고 하면 자칫 국제 사회주의 동맹을 떠올리게 되는데, 그 실태는 유럽 각국 공산당에 소련의 지령을 하달하는 국제 조직이었다.

코민포름 산하의 동유럽 국가들은 소련의 지시에 따라 움직여야 했다. 이들 국가를 '소련의 위성국'이라고 한다. 어떤 나라가 여기에 속했는지 살펴보자.

먼저 발트 3국인 에스토니아, 라트비아, 리투아니아는 대전 시작과 함께 점령되어 1940년 소련에 병합되었다. 이어서 폴란드, 체코슬로바키아, 헝가리, 유고슬라비아, 불가리아, 알바니아가 들어갔고, 발칸반도 최남단의 그리스만 간신히 위성국 신세를 면했다.

소련의 위성국은 민족적 자유, 정치적 자유는 물론 국내에서의 시민적 자유도 전부 억압당했다. 이러한 지배 방식을 정면으로 비판한 것이 유고슬라비아의 지도자 티토였다. 티토는 세계대전 중 유고슬라비아가 독일군에게 점령당하자 파르티잔 투쟁(게릴라전)을 벌여 자국을 폭력으로부터 해방한 인물이었다.

그런 만큼 소련이 코민포름을 동유럽 지배의 도구로 삼는다고 서슴없이 비판할 수 있었다. 1948년 6월, 유고슬라비아는 결국 코민포름에서 제명된다.

냉전이 세계를 휩쓸다 - 체코, 베를린에서 베이징으로

전후 세계는 국제 평화와 안전을 유지하는 국제 연합(United Nations)의 주도하에 다시 앞으로 나아가는 것처럼 보였다. 하지만 앞서 살펴봤듯이 결정적으로 연합국 수뇌 간의 관계가 악화한 상황이었다.

그리하여 미·소 양 진영 사이의 차가운 전쟁(냉전, Cold War)이 전후의 역사 무대를 점거했다. 양 진영이 직접 불꽃 튀는 전쟁을 치르지는 않았지만, 대립의 골은 갈수록 깊어졌다.

더구나 군비가 증강됨에 따라 전쟁이 터지면 전 세계가 전쟁의 불길에 휩싸일 것을 각오해야 했다. 냉전은 처음에 유럽에서 진행되었다.

1948년 2월 유럽에 큰 파동이 일었다. 의회제 민주주의 국가인 체코슬로바키아에서 공산당이 쿠데타를 일으킨 것이다. 그 배후에는 소련이 있었다.

이로써 체코슬로바키아에 공산당 독재 체제가 들어섰다. 1918년 1월 레닌이 이끄는 혁명파가 보통 선거로 수립된 러시아 최초의 헌법 제정 의회를 무력으로 무너뜨린 뒤 정권을 세웠는데 그때와 같은 방식이었다.

체코는 보헤미아 왕국 이래 역사적으로 '동유럽 속의 서유럽'으로 간주하여왔다. 그런 만큼 체코슬로바키아의 쿠데타는 사람들에게 커다란 충격을 안겨주었다. '서유럽에 공산당 독재가 탄생'했다고 보는 이들도 많았다.

그해 3월 영국, 프랑스 등 5개국이 서유럽 연합(WEU)을 결성하여 쿠데타에 대항한다. 서유럽 연합은 전후 최초의 군사 동맹이었다. 이 연합은 다음 해에 미국을 중심으로 재편성되어 북대서양 조약 기구(NATO)로 거듭난다.

또 1948년 6월 연합국의 점령 아래 있던 서독일에서 화폐 개혁이 이뤄졌다. 그러자 소련이 베를린 봉쇄를 강행했고, 이듬해 독일은 동서로 분단되었다.

1949년에는 소련이 원폭 실험에 성공하면서 핵무기가 더는 미합중국의 전유물이 아니게 되었다. 이 무렵 중국에서는 마오쩌둥을 지도자로 한 중화인민공화국이 탄생한다.

구미 세계에서 시작된 냉전은 아시아로 확대되어갔다. 1950년 2월, 모스크바를 방문한 마오쩌둥이 스탈린과 악수를 주고받았다. 이후 미국은 소련과 중·소 우호 동맹 상호 원조 조약을 맺은 중국을 적으로 여기게 되었다. 냉전은 아시아를 끌어들이며 세계화했다.

2. 세계 전쟁인가, 평화 공존인가?

냉전이 한반도에서 열전으로 바뀌었다!

- 한국 무력 통일론과 미 · 중 · 소의 군사 충돌

1950년 당장이라도 제3차 세계대전이 터질 것처럼 국제 사회의 긴장감은 극에 달했다. 전후 일본으로부터 독립한 한반도에서 전쟁이 시작된 것이다. 한국 전쟁(1950~1953)이었다.

1945년 8월, 한반도는 북위 38도선을 경계로 미 · 소 양군의 점령하에 놓였다. 그리고 3년 뒤 남한에는 대한민국(한국)이, 북한에는 조선 민주주의 인민공화국(북한)이 수립된다.

1950년 북한의 김일성은 무력 통일을 도모하며 대규모 군사 침공을 개시했다. 북한군이 맹렬한 기세로 한반도 대부분을 장악하자 미국군을 필두로 한 국제 연합군(맥아더 사령관)이 한국을 지원하기 위해 전쟁에 뛰어들었다.

그러자 이번에는 북조선을 지원하겠다며 중국 의용군이 참전했다. 소련 공군도 중국군에 섞여 함께 싸웠다. 남한과 북한은 최종적으로 판문점에서 휴전 협정을 체결함으로써 세력권의 큰 변화 없이 전쟁을 종결했다.

더불어 '강 건너 불'이었던 한국 전쟁으로 특수(특수 경기)가 발생했다. 미군이 전쟁 물자를 일본에서 사들임에 따라 일본 경제는 호황을 맞게 되었다. 정치면에서도 한국 전쟁은 일본의 전후 정책 방향 결정에 영향을 미쳤다.

일본 헌법 제9조 '전쟁의 포기'와 미일 안전 보장 조약이 병립하는 정치적 모순도 이때 생겨난 것이다. 그리고 한국 전쟁은 세계가 괴멸할 때까지 전쟁을 지속하느냐, 아니면 공존을 인정하느냐 하는 중대한 문제를 제기했다.

⊙ 한국 전쟁과 일본 기업의 신화

한국 전쟁이 일어나기 전, 도요타 자동차 공업(지금의 도요타 자동차)은 도산 직전 상태에 있었다. 그러나 전쟁 중 미군으로부터 트럭 1,000대를 수주받아 성장의 발판을 마련했다. 어느 미국 종군 사진 기자는 북한에서 혹한으로 카메라가 얼어붙어 셔터를 누를 수 없었을 때 유일하게 일본 광학(지금의 니콘) 카메라만 제대로 작동했다고 말해 니콘의 이름을 널리 알렸다. 이처럼 세계적 기업인 도요타 자동차와 니콘은 한국 전쟁을 기점으로 도약했다고 할 수 있다.

"우리 가게에는 방사능 참치를 팔지 않습니다!"

- 냉전 시대에서 평화 공존 시대로

한국 전쟁으로 전 세계 사람들은 냉전이 일상에 공포를 가져온다는 사실을 깨닫게 되었다. 그 이듬해, 태평양 비키니 환초에서 일본어선 '제5 후쿠류마루'가 미국의 수소 폭탄 실험에 휘말리는 비극이 일어난다.

선원들은 온몸이 까맣게 재로 뒤덮였다. 야이즈 항으로 돌아왔을 때는 마중 나온 가족들조차 그들을 알아보지 못할 정도였고, 안타깝게도 한 선원이 목숨을 잃었다.

여기서 끝이 아니었다. 방사능에 노출된 '원폭 참치'가 시장에 나돈다는 소문이 퍼져 일본 사회는 공포에 빠졌다.

그 후 아시아와 아프리카의 여러 나라는 '핵전쟁으로 지구를 파멸시킬 것인가, 아니면 평화 공존의 길을 택할 것인가?'라는 화두를 던졌고, 1955년 미·소 양 진영의 긴장 완화를 촉구하는 반둥 회의에서 평화 10원칙을 결의했다.

소련에서는 스탈린 사후 지도자로 선출된 흐루쇼프(당 제1서기 임기 1953~1964, 총리 임기 1958~1964)가 미·소 평화 공존 노선을 제창했다.

1959년 흐루쇼프의 미국 방문으로 캠프 데이비드 회담이 개최됨에 따라 미국과 소련은 평화 공존의 길로 나아간다. 그러나 1962년 10월 소련이 카리브해의 사회주의 국가 쿠바에 미사일 기지를 건설하고 있다는 사실이 알려지면서 미·소 관계는 급속히 냉각되었다. 핵전쟁도 불사할 듯한 분위기였다.

이를 쿠바 위기라고 부른다. 미국 대통령 케네디의 강경한 태도에 흐루쇼프가 뒤로 물러남으로써 위기는 해소되었고 평화 공존의 흐름이 재개되었다.

그리고 다음 해에 미·소·영 3개국이 부분적 핵 실험 금지 조약을 맺는다. '부분적 핵 실험 금지'란 대기권 내, 혹은 우주 공간 및 수중에서의 핵 실험을 금지한다는 의미다. 단 지하 실험은 가능하도록 했다.

이러한 미·소 평화 공존 관계의 진전은 세계 전역에 어떤 영향을 미쳤을까?

인간의 얼굴을 한 사회주의 - 동유럽의 실험

미국과 소련 사이에 평화 공존의 시기가 찾아왔지만, '소련의 위성국'인 동유럽은 여전히 언 땅의 세계였다. 전쟁이 끝난 지 얼마되지 않은 1949년, 소련은 코메콘(경제상호원조회의)을 결성하여 사회주의 국가들에 국제 분업 체제를 강요했다. 그 실태는 소련의 자기 중심주의가 노골적으로 드러난 무역 체제로 동유럽의 경제 발전을 저해하는 것이었다.

예를 들어, 동유럽의 어느 공업국이 소련보다 양질의 철강을 생산하더라도 소련이 정한 분업과 할당의 원칙 때문에 조악한 소련제 철강을 수입할 수밖에 없는 상황이었다. 이래서는 코메콘 전체의 생산 수준도 향상을 기대하기 힘들었다.

소련은 강대한 군사력과 통제력으로 동유럽 국가들의 불만을 억눌렀다. 그러나 1953년 스탈린이 죽자 체코의 플젠, 동독일의 동베를린, 폴란드의 포즈난 등에서 반소련 운동이 일어났다.

평화 공존의 분위기가 형성되어가던 1961년 여름, 동독일이 갑자기 베를린에 장벽을 세웠다. 주민들의 서베를린(서독일 측) 망명을 막기 위해서였다.

전후 동독일에서 서독일로 망명한 사람은 무려 342만 명에 달했다. 참고로 1990년 통일 당시에 동독일 전체의 인구는 1,667만 명이었다고 한다.

한편 1956년 헝가리 부다페스트에서 일어난 반소련 봉기를 계기로 민주개혁이 진전되었다. 그런데 이 흐름을 완전히 뒤집은 극적인 사건이 벌어졌다.

소련군의 무력 침공으로 개혁이 중단되고 정부 수상인 너지 임레가 납치, 연행되어 살해당한 것이다. 이와 같은 극악한 만행 때문에 민주개혁은 실패로 돌아갔다.

그러나 동유럽은 좌절하지 않았다. 1968년 체코슬로바키아에서 대담한 실험이 이뤄졌다. '프라하의 봄'이라 불리는 개혁이다.

공산당 정부 스스로 사전 검열 제도 폐지 등 시민의 자유를 보장함과 동시에 경제적 해방을 부르짖었다. 요컨대 '인간의 얼굴을 한 사회주의'를 지향했다. 그러나 체코슬로바키아 공산당의 개혁은 바르샤바 조약 기구군대를 거느린 소련군에 숨통이 끊기고 만다.

⊙ 제한 주권론이란 이름을 내세운 소련의 억압 철학

체코슬로바키아를 군사 점령하고 '프라하의 봄'을 진압한 것은 바르샤바 조약 기구 군대였다. 이 군대는 1955년 NATO에 대항하기 위해 소련이 만든 군사 동맹이었으나, 동유럽 국가들이 소련으로부터 이탈하는 것을 저지하는 기능만 할 뿐이었다. 소련의 지도자 브레즈네프는 '프라하의 봄'을 진압한 후, 사회주의 전체의 이익은 한 국가의 민족적 이익에 우선한다고 외치며 체코 문제를 정당화했다. 이를 제한 주권론이라고 한다.

유럽 연합 주창자 코텐호베 칼레르기 - 서유럽의 통합과 냉전 완화

이 무렵 서유럽에서도 유럽 통합이라는 장대한 프로젝트가 진행되었다. 그 계기는 제1차 세계대전 후에 일어난 '범유럽' 운동이었다.

범유럽 운동의 제창자는 정치가 쿠덴호베 칼레르기였다. 그는 '유럽을 하나로 통합'함으로써 평화와 번영을 이룰 수 있다고 생각했다.

근대 이후 독일과 프랑스의 숙적 관계는 유럽 정치의 불안 요인이었다. 이 관계를 개선하지 않는 한 유럽에 참된 평화는 찾아오지 않으리라 여겨졌다.

범유럽 운동을 발판삼아 독일, 프랑스, 이탈리아를 중심으로 유럽 공동체(EC)가 발족했다. 가맹국 간 상품 · 노동력 · 자본(기업의 설립·투자 비용 등)의 이동이 하나의 경제 시스템으로 이뤄지고 관세가 사라졌다. 경제의 국경 철폐가 실현된 것이다.

1970년대에는 영국도 가입에 성공했다(2020년에 EU 탈퇴). 1993년 EC 12개국은 마스트리흐트 조약에 기반하여 유럽 연합(EU)을 결성했다. 또 1999년에는 단일 통화 유로를 발행함으로써 경제 통일을 이뤘다.

구소련의 지배 아래 있던 동유럽과 발칸 국가들도 EU에 가입했다. 현재 EU 참가국은 무려 27개국에 달한다. 근래에는 이슬람권에서 유일하게 시민의 자유가 보장된 터키의 가맹 신청이 화제로 떠올랐다.

순탄하지만은 않으리라 예상되지만, EU의 또 다른 목표는 정치 통일이다. 참고로 EU에 가맹하려면 인권 보장, 시장 개방 등과 같은 국제 표준 조건 '코펜하겐 기준'을 충족해야 한다.

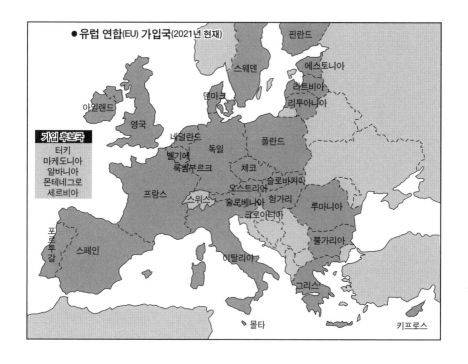

데탕트와 광기 어린 전체주의의 대두 - 평화와 폭력이 공존한 시대

EC 발족 후 얼마 되지 않은 1969년, 서독일에서 사회주의당인 브란트 내각이 탄생했다.

브란트 총리는 동·서독 정상 회담을 성사시키고, 소련과 폴란드와도 관계를 개선하고자 했다. 이를 동방 정책이라 부른다. 이러한 외교 정책으로 데탕트(1970년대의 긴장 완화) 시대가 열렸다.

프랑스에서는 1968년에 파리 5월 혁명(5월 위기)이 일어난다. 제2차 세계대전 때 레지스탕스를 이끈 드골 대통령의 강권 정치가 학생들로부터 비난을 받은 것이다. 인간의 가치는 개인의 주체적 존재를 확립하는 데 있다고 주장한 실존주의 철학자 사르트르는 작가 보부아르와 함께 학생들을 지지했다. 그 결과 1969년 강권 정치는 막을 내리게 되었다.

전후 질서의 동요, 와해, 변혁을 겪은 것은 유럽뿐만이 아니었다. 아시아에서 치열하게 전개된 베트남 전쟁(1960~1975)은 전후의 냉전 관계를 변화시키는 계기가 되었다.

미국은 동남아시아의 공산화를 저지한다는 목적하에 대규모 군대를 이끌고 북베트남으로 쳐들어갔다. 전장으로 떠난 수많은 젊은이가 백골이 되어 돌아오자, 미국 내에서는 전쟁에 대한 의구심이 커졌고 징병 거부에서 비롯한 반전 운동(1968)의 물결이 거세졌다.

그 무렵, 중국에서는 하나의 사태가 벌어졌다. 1966년 8월 18일, 홍위병이라 불리는 청소년들이 베이징의 천안문 광장을 가득 메웠다. 그 수는 무려 100만 명에 이르렀다. 문화 대혁명(1966~1977)이 일어난 것이다. 이 혁명은 마오쩌둥에 충성을 맹세하는 개인숭배 운동이었다.

마오쩌둥을 신격화한 홍위병들은 각지에서 마을을 습격하는 등 과격한 폭력성을 드러냈다. 문화재 파괴도 서슴지 않았다. 티베트에서는 불상, 불전 등이 약탈, 파괴, 소각되었고 유교, 크리스트교도 공격 대상이 되었다.

문화 대혁명은 광기 어린 전체주의의 표상이었다. 게다가 중국 역사에서 비문화적 운동이 초래한 상황이었다.

워싱턴과 베이징이 손을 맞잡자 아프가니스탄이 위험해졌다!

- 포스트 베트남 전쟁의 시대

베트남 전쟁은 미군이 철수한 뒤인 1975년에 사이공 함락으로 막을 내렸다. 이 전쟁은 미국에 첫 패배를 안겨줬다. 베트남은 공산당 세력인 북베트남이 남베트남을 병합하는 형태로 통일을 달성했다.

한편, 이 시기에 중국과 소련의 대립은 정점에 달했다. 1969년에는 우수리강 전바오섬(다만스키섬)의 영유권을 두고 중·소 국경 분쟁이 일어났다. 그러자 중국은 '소련은 미국보다 더 위험한 적이다!'라며 미국에 접근했다.

당시 미국은 베트남 전쟁으로 막대한 군비를 지출한 탓에 1971년 8월 금·달러 교환 정지, 즉 IMF 체제의 붕괴를 인정할 수밖에 없었다. 이를 닉슨 쇼크라고 한다.

이렇게 해서 역사는 미·중 관계 정상화를 향해 움직였다. 1972년 2월의 닉슨 방중은 이런 상황 속에서 실현되었다. 미국은 중국과의 관계 개선을 통해 아시아에서 군비를 삭감할 수 있으리라 기대했다.

같은 해 9월, 일본 총리 다나카 가쿠에이도 베이징을 방문했다. 미·중·일 3국 외교 체제가 형성된 것이다.

냉전 체제 형성기에는 상상조차 할 수 없었던 모습이었다. 베트남 전쟁의 영향은 이런 곳에서도 나타났다.

미 · 중 국교 정상화를 지켜보던 소련은 아시아에서의 세력 회복을 꿈꾸며 1979년에 아프가니스탄을 침공했다. 이로써 데탕트 시대가 종언을 고한다. 역사에서는 이를 제2차 냉전 시대의 시작이라고 본다.

3. 냉전 종결, 그리고 21세기 시대로

신은 우드스톡 페스티벌에 나타났다! - 대항 문화의 출현

미국과 중국이 가까워짐에 따라 전후의 냉전 관계는 판연히 달라졌다. 이 무렵 미국에서는 인종 차별 철폐 운동과 반전 운동이 일어나 기존의 사회적 가치관을 크게 뒤흔들었다.

1969년, 뉴욕 교외의 우드스톡에서 '사랑과 평화'를 주제로 사흘간 개최된 록 콘서트에는 무려 100만 명 이상이 모여들었다.

우드스톡 페스티벌은 음악 역사의 한 페이지를 장식했다고 일컬어진다. 마지막에 등장한 지미 헨드릭스는 미국 국가 〈성조기여 영원하라〉를 솔로로 연주했는데, 이 연주는 그의 감성과 사상이 담긴 블랙 파워의 외침이었다. 무대 위에 선 그는 이미 기타 연주자를 초

월한 존재였다. 우드스톡 페스티벌의 의의는 기성세대의 가치관에서 탈피하고자 하는 새로운 세대의 출현을 알린 데 있었다.

1960년대 말, 물질적 풍요를 추구해온 사회에 의문을 품은 세대가 등장했다. 그들은 인간성 부흥을 외치며 새로운 문화를 만들어나갔다. 이러한 움직임은 미국 서해안 지역을 중심으로 확산했다.

언어보다 감성을 중요시하는 집단 사회가 형성되면서 히피 문화가 유행했다. 히피 문화에 대한 해석은 저마다 다르지만, 소위 '저항 문화'라고 부르는 마약이나 록과 함께 대두했다고 볼 수 있다.

인종 차별 철폐 운동과 베트남 반전 운동이 결합하면서 구사회에 대한 비판의 스위치가 켜진 것이다. 이처럼 기성세대에 대항하는 젊은이들의 문화를 대항 문화(Counterculture)라고 한다.

권위와 전통에 대한 비판을 온몸으로 표현하는 방법이 모색되면서 자기주장을 드러내는 티셔츠나 청바지가 젊은 층의 문화적 상징이 되었다.

음악뿐만 아니었다. 무질서하고 자유롭게 살고자 하는 의지, 기존 문화와의 결별에 따른 불안감. 이러한 젊은이들의 심리를 파고드는 영상 문화도 등장했다.

새로운 문화로서 출현한 아메리칸 뉴 시네마 - 기성 가치와의 충돌

권위와 전통에 대한 비판은 신앙의 내면에 있는 신이라는 존재를 향했다. 아메리칸 뉴시네마는 종교적 믿음에 뿌리를 둔 기성세대의 가치관과 역사, 문화에 의문을 제기했다. 영화 〈포세이돈 어드벤처〉(감독 로널드 님, 1972)도 그중 하나다.

이 영화에서 주인공인 목사는 신에 대한 분노를 날카로운 어조로 거침없이 털어놓는다. 마치 '출애굽'(BC 13세기) 때의 모세와 신 야훼의 관계를 보는 듯한 긴장감이 스크린을 통해 전해진다.

드라마가 전개되는 무대는 여객선이다. 여객선이 뒤집히면서 미국 구사회의 가치관을 어떻게 마주해야 할 것이냐는 물음에 봉착한다.

이처럼 아메리칸 뉴시네마는 크리스트교 윤리관이 반영된 사회관습과 개인의 관계를 대담하고 직설적으로 따져 묻는, 이른바 시대 비판적 엔터테인먼트였다.

그 선구가 된 영화 〈졸업〉(감독 마이크 니컬스, 1967)과 뮤지컬 영화 〈지저스 크라이스트 슈퍼스타〉(감독 노먼 주이슨, 1973)도 이 시대의 수작이다.

그리고 두 젊은이가 오토바이를 타고 미국 서부에서 남동부로 향하는 여정을 담은 영화 〈이지 라이더〉(감독 데니스 호퍼, 1969)는 히피나 마약과 같은 혼란의 씨앗, 즉 '신문화'를 대표하는 주인공들이 여행길에서 기존사회의 질서와 맞닥뜨린다. 영화는 젊은이들의 여정을 통해 신구 가치관의 균열과 충돌을 그린다.

오프닝에서 오토바이로 여행을 떠나는 두 사람 뒤로 스테판 울프의 록 음악 〈본투비와일드〉가 흐른다. 기성 가치관에 대한 저항의 상징으로 쓰인 이 음악과 스크린 속 헤비메탈(오토바이)에 영화가 전하고자 하는 메시지가 전부 담겨있다.

영화 〈아메리칸 그래피티〉(감독 조지 루커스, 1973), 〈택시 드라이버〉(감독 마틴 스코세이지, 1976)도 베트남 전쟁 시대의 흔들리는 미국 사회를 반영한 걸작이다.

기성세대의 가치관에 반발하는 젊은 층의 문화와 저항 운동은 영상이나 록 음악을 통해 표출되었고 히피, 스튜던트 파워(학생 반체제 운동)를 탄생시켰다. 이는 세계적 시류가 되어갔다.

얄타에서 몰타로, 그리고 베이징으로! - 전후 냉전 체제의 붕괴

소련의 아프가니스탄 침공으로 미·소 양국의 관계가 급속히 식었을 때, 소련에서는 페레스트로이카를 제창한 새로운 지도자 고르바초프가 등장했다. 고르바초프는 페레스트로이카(개혁)와 글라스노스트(정보 공개)를 중심으로 '새로운 사고' 외교를 펼쳤다.

1987년 미국과 소련 사이에 중거리 핵전력(INF) 전면 폐기 조약이 조인되었고, 이듬해 두 나라는 아프가니스탄 군대 철수에 착수한다. 그리고 1989년 12월 지중해 몰타섬에서 미국 대통령 부시와 소련 공산당 서기장 고르바초프가 회담을 열어 미·소 냉전 체제 시대에 종지부를 찍었다. 냉전 시대의 서막을 알린 미·영·소 수뇌에 의한 얄타 회담으로부터 44년이 지난 후의 일이었다.

냉전이 종결된 1989년, 동유럽과 중국도 격동의 한 해를 맞았다. 그 배경에는 고르바초프가 동유럽에 대한 불간섭을 선언한 사건이 자리 잡고 있었다. 폴란드에서는 대항문화 세대에 속하는 바웬사의 자유 노동조합 '연대'가 자유 선거에서 승리를 거머쥐었다. 이로써 비공산당 정권이 탄생했다. 헝가리는 이웃 국가인 중립국 오스트리아와 국경을 개방했고, 자유를 바라는 동독의 시민들이 이곳으로 몰려 들어왔다. 동독 정부조차 이 흐름을 막을 수 없었다. 그리고 서쪽 세계와의 단절을 상징하는 베를린 장벽(1961~1989)이 의미를 잃고 1989년 11월 마침내 무너졌다.

그다지 잘 알려지지 않았으나, 베를린 장벽이 붕괴한 중요한 계기는 헝가리 정부의 국경 개방 정책(범유럽 소풍 계획)이라 할 수 있다. 다음 해에 독일은 통일을 달성한다.

1991년 페레스트로이카는 소련을 붕괴로 내몰았다. 사회주의라는 체제가 현실에 적합하지 않을뿐더러 공산당 조직도 민주주의를 원리로 하는 인간적 자유 사회와 합치하지 않는다는 사실이 증명되었기 때문이다.

사회주의가 파탄 난 중국에서도 자본주의의 시장 경제(자유 경제)가 정착했다. 하지만 공산당 독재, 당 관료의 부패, 인권 억압 체제 등의 문제는 여전히 해결되지 않은 상황이다. 게다가 상하이, 베이징 등의 대도시와 내륙의 경제 격차가 커지면서 대중의 불만이 정치적 자유를 요구하는 운동과 결부되어 민주화 운동으로 발전해갔다.

덩샤오핑은 경제의 자유화를 전개하면서도 정치적 자유는 인정하지 않았다. 오히려 군대를 동원해 천안문 광장에서 민주화를 부르짖는 사람들을 무력으로 제압했다. 천안문 사건이라 불린 이 운동은 국제 여론의 맹렬한 비판을 받았다.

인간의 얼굴을 한 지구호를 만들다 - '관용과 평화'의 21세기

1990년대 이후, 세계는 국제 연합을 중심으로 하나로 결속되리라 기대했다. 하지만 역설적이게도 냉전 체제가 느슨해지면서 무력 충돌과 국지적 분쟁이 봇물 터지듯 일어났다.

그 배경에는 민족과 주권의 문제가 가로놓여 있었다. 최근 화제가 된 티베트 민족과 터키계 위구르 민족에 대한 중국의 인권 억압도 타민족의 문화를 빼앗는 행위라고 볼 수 있다.

팔레스타인 문제 역시 마찬가지다. 1993년 이스라엘과 PLO(팔레스타인 해방 기구)의 상호 승인하에 팔레스타인 잠정 자치 협정이 체결되었다. 이는 곧 이스라엘 점령지에 있는 팔레스타인인의 자치구를 인정한다는 의미였다.

그러나 21세기로 접어들자, 이스라엘의 폭력과 파괴가 팔레스타인 지방에 거주하는 아랍인의 무장 반격을 유발했다. 이 악순환에서 벗어날 수 없는 상황이 팔레스타인 '문제'이다.

1991년에는 구 유고슬라비아가 해체됨에 따라 내전이 발발했다. 그 후 보스니아 헤르체고비나 공화국에서는 전쟁이 심화하여 이슬람교도, 그리스 정교회 계열의 세르비아인, 가톨릭교회의 크로아티아인이 치열하게 대립했다.

이 때문에 20만 명 이상의 사망자와 300만 명 이상의 난민이 발생했다. 사태는 NATO군의 개입으로 간신히 종식되었으나, 1998년 이번에는 세르비아인이 국내 알바니아계의 독립운동을 탄압했다.

발칸반도 분쟁의 원인으로는 대세르비아주의라는 세르비아 공화국의 팽창주의를 들 수 있다. 요컨대 발칸반도의 남슬라브인 통합을 필연적 과제로 여기는 세르비아의 자민족중심주의가 비극을 불러일으킨 것이다.

또 이슬람 세력의 무차별 테러가 현대 사회에서 심각한 문제로 대두했다. 21세기는 환경 문제는 물론이고 민족과 국가 주권의 관계를 되돌아봐야 할 시기다.

더불어 타국에 대한 적대감을 버리고 관용적인 태도를 지녀야 한다. 21세기에 확립해야 할 원칙은 '관용과 평화'이다.